AF236993

Andreas Handler

Das Leben ist das Produkt deiner Gedanken

***

Originalausgabe, Auflage 1

Copyright © Juli 2021 by Andreas Handler

ISBN: 9783754311479
Verlag: BOD
Books on Demand

© 2021 Andreas Handler
Herstellung und Verlag: BoD – Books on Demand,
Norderstedt

Herausgeber:
Andreas Handler

Coverbild: © Andreas Handler

Korrektorat:
Felser Margit

Bibliografische Information der Österreichischen
Nationalbibliothek:
    Die Österreichische Nationalbibliothek verzeichnet
diese Publikation in der Österreichischen
Nationalbibliothek. Detaillierte bibliografische Daten
sind im Internet über https://www.onb.ac.at/ abrufbar.

Das Leben ist das Produkt

deiner Gedanken

Es erwartet Sie kein Perfektionismus - einfach, verständlich, herzlich und bewegend darf es sein.

DANKE

Dieses Buch ist mein *„Pilger-Weg der Selbstliebe"* - ist mein

Sentiero dell´Amore.

Mein Pilger-Weg, auf den ich Sie nun einlade, ist in drei größere Teilstrecken - *„Die Vorgeschichte – Ein Jahrzehnt in meiner Opferrolle - Mein Weg"* gegliedert.

Ich erzähle Ihnen unverblümt von meinen Irrwegen, meiner psychischen Erkrankung, meinen Weggabelungen und Neuorientierungen.

Ich erzähle Ihnen, wie ich aus der Opferrolle kam, den Täter in mir enttarnte und mich von herkömmlichen Heilmethoden verabschiedete.

Ich erzähle Ihnen, wie ich wieder zu meinem Selbstwert gelangte, zum Glauben an das Gute und in das Leben zurückfand.

Ich erzähle Ihnen die Geschichte von Annahme, Dankbarkeit, Verzeihen und Liebe und wie ich mir selbst erlaubte, ich selbst zu sein.

Du bist ein Geschenk des Himmels.

*Die vorliegende Lebensgeschichte beschreibt (m)einen Weg mit einer psychischen Erkrankung zu leben. Es ist ein Weg der inspirieren und Ideen geben kann, wie Themen betrachtet werden können.

1. Teilstrecke

Meine Vorgeschichte

Tagebucheintrag 23.12.1968

Am 23.12.1968 bin ich auf der Welt erwacht und wurde nach 2 Monaten mit einem Ortswechsel überrascht. Ich landete erneut im Krankenhaus, wo meinem jungen Körper und meiner Seele eine Diagnose verpasst wurde. Ich erhielt eine schwerwiegende Darmerkrankung, wodurch ich für 10 Monate im Krankenhaus lag und einige Untersuchungen und Behandlungen über mich ergehen lassen musste. Doch eine unbändige Kraft, mein Lebenswille, zog mich ins Leben.

1968 war eine Zeit, in der es noch nicht möglich war, dass mich meine Eltern täglich besuchen und in den Armen halten durften. Zuneigung, die vieles vielleicht früher geheilt hätte, wurde uns allen verwehrt. Laut den Erzählungen meiner Mutter kam sie einmal in der Woche ins Krankenhaus und konnte mich durch eine Scheibe beobachten. Wir entfremdeten uns, ehe wir uns noch kennenlernen konnten. Vielleicht ist dies auch ein Ursprung des Musters gewesen: „Alles für jemanden zu tun, um geliebt und anerkannt zu werden. Eine Zuwendung, statt eine Abwendung zu erleben."

Mein Irrweg hatte somit begonnen …

Für Glück und Anerkennung wollte ich alles ertragen. Meine Prägung war, dass ich als Kind bereits alles über mein Herz gelebt und geteilt habe. Ich war stets offen und wurde zum perfekten „Ja-Sager". Das Gefühl des „Geliebt-Werdens/Seins" und der „Zugehörigkeit" hat einen hohen Preis.

Als Jugendlicher war ich viel und gerne unterwegs und habe mein Leben und meine Seele mit Musik gefüllt. Während sich meine Freunde mit Alkohol gefüllt haben, war ich der treue Chauffeur und somit ein wichtiges „Gangmitglied", vielleicht uncool, aber höchst geduldet. Innerlich zog ich mich immer mehr zurück und fing an, mir unterschiedliche

Masken zuzulegen. Ich suchte Wege, mit meiner inneren Einsamkeit, Zerrissenheit und Verletztheit umzugehen. Ich begann Drogen zu nehmen. Ich wollte wieder lächeln können. Ich wollte mich einfach betäuben und in einer anderen Welt leben. Doch auch 23 Joints am Tag brachten mir keine *„schöne neue Welt"*.

Mit ca. 20 Jahren machte ich eine Kehrtwende und fuhr in die nächste Einbahn. Sportsucht. Ich versuchte mich selbst anzuerkennen, meinen Platz zu finden, indem ich Kraftsport betrieb und zu Anabolika griff.

Es war mein zweiter Weg, um zu versuchen, etwas zurückzubekommen, etwas in mir zu heilen. Die Leere und Einsamkeit blieben dennoch standhaft.

Mit ca. 22 Jahren kam ein Glücksregen über mich, der einfach so über mich ein kleines Lächeln zauberte. Ich konnte an einer Berufsorientierung mit einem Psychologen teilnehmen und besuchte einen Rhetorikkurs, um mich *„aus-drücken"* zu lernen. Um mein Inneres ins Außen bringen zu können, was durchaus herausfordernd ist, wenn man es über 20 Jahre umgekehrt gelebt und gelernt hatte. Es waren die ersten Schritte, um mit mir in eine andere Kommunikation und Beziehung zu gehen und meinem Seelenleben eine gesunde Sprache und Ausdrucksweise zu verleihen.

Ich sollte in eine neue Richtung gehen. Es sollte in eine neue Richtung gehen, ich wollte die Einbahn verlassen. Mein Körper kommunizierte klar und deutlich mit mir und ich wurde darin bekräftigt, meinen neuen Weg zu gehen. Da ich generell ein bewegter Mensch bin und mich die Medizin und das *„Mensch-Sein & Heilen"* bereits in frühen Jahren immer wieder inspirierte und mir durch den Kopf ging, folgte ich der Idee des Psychologen, mich im medizinisch-sportlichen Bereich weiterzubilden.

Mensch-Sein & Heilen

Mein Selbstheilungsweg bekam eine neue Wende, um mich selbst fühlen zu lernen und meinen Körper wahrnehmen zu können, von dem ich mich in den letzten Jahren scheinbar endlos entfernt hatte. Ich war bereit, den Weg zu meinem *„Körper-Ich"* wieder zu gehen, um dadurch das Tor zu meinem Inneren – meinem *„Seelen-Ich"* – wieder öffnen zu können. Der

Weg der Selbstheilung ist spannend, doch passiert er erst in der Begegnung, im Austausch, im Wachstum und in der Beziehung zu anderen Lebewesen. Im Kreislauf von Geben und Nehmen, von Teil-Nehmen und Mit-Teilen passiert das Mensch-Sein. Ich bin nach wie vor derart von dieser Idee, dieser Weltsicht beflügelt, dass ich die Ausbildung für das *„Diplom der Achtfachen manuellen Therapie"* magisch in mein Leben zog. Ich war bereit zu erforschen und an den Wundern der Welt wieder teilzunehmen und die Heilung in eine Demut und Dankbarkeit für mein Leben zu wandeln. Das erste Erkennen, diesen Weg zu gehen, um Menschen zu heilen, war im Jahr 1990, als ich die Ausbildung tatsächlich begonnen hatte.

Die manuelle (Selbst) Therapie – ein Weg außerhalb der Norm

Ich hatte das Glück, Menschen während meiner Ausbildung zum staatlich geprüften Heil-masseur zu begegnen, die mich dabei bekräftigt haben und auch die Ansicht vertraten, dass es mehrere manuelle Zugänge braucht, um auf unterschiedliche Körper und Bedürfnisse eingehen und reagieren zu können.

Aus der Lehre des Bewegungsapparates durch den klassischen Masseur, das Wissen über die Ernährung durch den Sportmasseur und die Faszination von Meridianen und Energieflüssen durch den Akupressur-Masseur bildete sich der erste Weg zu fernöstlicher Medizin. Mit dem Lymphdrainage-Masseur beschäftigte ich mich mit dem Wasserhaushalt, der Durchlässigkeit und was es braucht, damit im menschlichen Körper (wieder) alles fließen und organisch miteinander im Einklang interagieren kann. *Alles was fließt, kann heilen.* Wie kann ich meinen Körper fühlen? Was macht Ernährung in meiner Genetik? Welche Mikronährstoffe, welche Nährstoffe braucht mein Körper und welche nähren, von oben aus betrachtet, auch meine Seele? Durch die Vielseitigkeit der Ausbildungsmodule erfuhr ich die Offenheit, andere Fachgebiete zu verbinden und es zu meinem Weg, zu meinem Handeln, werden zu lassen. Heilen heißt, ich muss komplett verstehen: „*Alles was fließt, kann heilen*".

Was ich früher nicht verstanden habe und mir erst durch mein täglich praktizierendes Meditieren bewusst wurde, ist, dass Berührungen und Bewegungen ständige Informationen/Energien sind. Jede Energie möchte kommunizieren, sich aufladen, entladen und fließen. Ich beschäftigte mich damit, wie ich die Energie im Körper von Kopf bis Fuß, von den Beinen zum Kopf, zum Gehirn bis hin zum Herzen, nochmals anders unterstützen und freisetzen kann. Die Fuß-reflexmassage und die Geschichtsmassage kamen in *„mein Heiler-Leben."* Es ver-sinnbildlicht und verbindet für mich auf der einen Seite eine Erdung, ein im Leben-Stehen und auf der anderen Seite eine Leichtigkeit, Zufriedenheit, Ausgeglichenheit und Aus-strahlung im Gesicht, in dem sich die Seele als Erstes widerspiegelt. Was du ausstrahlst, ist deine Energie und das ziehst du in dein Leben, in deine Wirklichkeit, deine Gedanken und in dein Gefühlsleben, das sich bekanntlich auch auf den Magen schlagen kann. Es geht mir an die Nieren. Mir geht die Galle über. Da ist mit eine Laus über die Leber gelaufen. Das alles sind Redewendungen, die Emotionen in sich tragen und auf gesundheitliche Probleme hinweisen können. In diesem Zusammenhang erlernte ich die Techniken der Bauchmassage. Es zeigte mir einen Weg auf, um das Zentrum der Gefühle zu erforschen mit dem Fokus, Erkrankungen der Organe vorzubeugen und negative Emotionen frühzeitig zu erkennen und positiv verändern zu können. Es geht darum, in uns Verhärtungen zu lösen, um im Fluss des Wohlgefühls und der Lebensfreude zu bleiben. Unser Körper reagiert und versucht ständig mit uns in Kommunikation zu gehen, sich mittzuteilen, was er braucht, um gesund zu bleiben bzw. zu werden. Es liegt nun an uns selbst, die *„Abers"*, die uns daran hindern, gehen zu lassen und den Mut zu haben, sich selbst zu begegnen, sich selbst zu lieben und zu heilen. Sind Sie bereit? Dann holen Sie Ihre Schwimmweste und lassen Sie uns in den Fluss des Lebens weiter eintauchen, denn

„Alles was fließt, kann heilen..."

Die Beziehung zu mir selbst – eine lebenslange Ehe

In diesem Abschnitt lade ich Sie nun dazu ein, mir auf meiner Reise zu folgen, wie ich vom *„Hero-Typen"* über Konsequenzen stolperte und Rechnungen bekam, die ich niemals geahnt hätte. Der Prozess von Ursache und Wirkung ist unabdingbar und ich kam an den Punkt zu hinterfragen, bei welchen Gegebenheiten ich Opfer und wo ich (zeitgleich) auch Täter war.

Ursache & Konsequenz

Gehen wir wieder zurück an den Ursprung, an den Glaubenssatz, der mir mit 48 Jahren bewusst geworden ist:

„Alles für jemanden zu tun, um geliebt und anerkannt zu werden. Eine Zuwendung statt eine Abwendung zu erleben."

Der liebe Andreas, der *„Ja-Sager Andreas"*, entwickelte sich zu einem *„selbstverständlich - lieben Andreas"*, zu einem Menschen, der den

Wert über die Hilfsbereitschaft suchte und nicht bemerkte, dass er mit jeder Hilfe, die er jemand anderem schenkte, seine eigene Hilfsbedürftigkeit für sich selbst anhäufte. Der *„Seelenbalsam"* der geleisteten Taten reichte bald nicht mehr aus, der innere Stress, *„alles erfüllen zu wollen"* nahm immer mehr zu. Der Druck wurde immer mehr. Der bekannte Druckkochtopf, Sie kennen ihn vielleicht, stand bereits am Herd.

Ein Auszug aus meiner „Verhaltens-Biografie"

Als Kind verstehst du es noch nicht, hast keine Vorstellung bzw. kein Gefühl dafür, wie sinnvoll und auch wertschätzend es sich selbst gegenüber sein kann - ein *„Nein, jetzt bitte nicht!"* auszusprechen. Du lebst in der völligen Liebe, in der Vorstellung, ein Verhalten an den Tag legen zu müssen, um liebevoll zu sein und geliebt zu werden. Das Herz zu geben und zu glauben, dass das, was zurückkommt, Liebe ist, ganz nach dem MOTTO: *„Liebe muss verdient werden"*. Ein Tauschgeschäft das *„Nehmend"* und weniger *„Gebend"* ist. Es nimmt, lähmt und verfälscht das Grundverständnis von Liebe.

Liebe ist und sollte an keine „Bedingungen/Dienste" geknüpft sein und dennoch stolpern wir immer wieder in diese *„Liebes-Falle."*

Die Anerkennungsspirale. Ein *„Ping-Pong Spiel"*, ein inneres Tauziehen nach dem Bedürfnis von Liebe, das eigene ICH einfach so, ohne Taten, anzuerkennen und zu sehen, kann ein sehr nachhallendes, lebenslanges *„Ping-Pong Spiel"* sein. Die Mittel, die Drogen und auch die Anabolika, die ich über Jahre genommen hatte, veränderten mich, veränderten meine Wahrnehmung, veränderten die Realität und verwehrten mir letztendlich, ich selbst zu sein und auf Gegenheiten in meinem Leben respektvoller und wertschätzender reagieren zu können. Auch verwehrte ich dadurch meinen Mitmenschen, anders zu reagieren. Einige Verletzungen, Abschürfungen hätte ich durchaus umgehen können, doch ohne diese Prägungen würde ich nun nicht hier sitzen und meine Geschichte verfassen.

Weshalb agieren wir jahrelang so, optimieren es offenbar sogar, das eigene *„Innere Kind"* stetig zu verletzen oder gar zu vertreiben? Die Illusion zu nähren, die Selbsttäuschung überhand gewinnen zu lassen, um vielleicht, so wie ich, erst in der Psychiatrie aufzuwachen, wo das *„Innere Kind, das Seelen-ICH"* plötzlich vor dir steht, an dein Herz und deine Seele klopft und klar und direkt fragt: *„Wann lässt du mich wieder zu dir hinein? Wann siehst du mich wieder? Oder sprichst du aus Furcht wieder ein „Nein" aus und wendest dich erneut vom Herzen, von dir selbst, ab?"*

Da saß ich nun. Am Gang der Psychiatrie in Graz. Ich saß da und hörte in die Stille hinein. Ich saß da und lauschte. Ich saß da und plötzlich war ein Feuer in mir. Ich saß da und sagte zu mir laut: *„Ja. Ja, ich will den Weg zu mir gehen. Ja, ich will verzeihen und lieben lernen und um Vergebung bitten."*

Mit diesem *„Ja"* ging ich nun Hand in Hand am Gang der Psychiatrie spazieren, als mich ein Bild an der Wand von einem Auto, das vor einem Tunnel stand, in die Vergangenheit zog.

Für einige Verletzungen möchte ich mich an dieser Stelle aus tiefstem Herzen mit der Bitte um Verzeihung entschuldigen. Bei den Menschen, die sie mit mir getragen und ertragen haben, speziell bei meiner Tochter und mir selbst.

Ein Geschenk des Himmels

Meine Tochter wurde 1994 geboren und ich durfte tagtäglich bis zu ihrem sechsten Lebensjahr an ihrem Leben teilhaben. Ein Geschenk. Ein unglaubliches, berührendes Geschenk und für all das bin ich nach wie vor dankbar.

Es war jedoch auch sehr intensiv, da meine Partnerin in eine Lebensphase schlitterte, die ich bereits als Jugendlicher ausgelebt hatte. Wir entfremdeten uns und nahmen nach und nach unserer Tochter ein Stück ihres *„unbeschwerten Kind-Seins"*.

Dass unsere Beziehung kaputt war, war mir bewusst, doch wollte ich *„Vater sein"*, mit meinem Kind Zeit verbringen und sie beim *„Erwachsen-Werden"* begleiten. Stattdessen saß ich immer mehr bei Gericht, bei Kinderpsychologen und erhielt Ratschläge, was ich tun und lassen sollte. Es wurde mir nahegelegt, bald zu handeln, da meine Tochter aufgrund vieler Umstände eine Persönlichkeitsstörung entwickeln könnte. Es traf mich wie ein Vorschlaghammer. Aus einer dysfunktionalen Beziehung, wie sie viele Menschen auch erleben, sollte meine Tochter eine Persönlichkeitsstörung davontragen? Irgendetwas lief schief und zwar gewaltig.

Es war Zeit zu handeln. Ich setzte erste Schritte. Ich trennte mich von meiner Partnerin und sie zog aus unserer gemeinsamen Wohnung aus. Ich hoffte, dass sich das Spannungsfeld lösen würde, doch passierte leider das Gegenteil. Um das Recht, mein Kind zu sehen, zu erhalten, saß ich wieder bei Gericht. Das Spannungsfeld, der *„Ego-Austausch"* hatte sich anscheinend nur verlagert. Ich habe einige *„Strohhalme"* vom Gericht erhalten. Ich durfte meine Tochter offiziell besuchen, einen Tag zu mir holen, doch war es oftmals eine 50 zu 50 Frage, ob mir überhaupt die Türe geöffnet werden würde.

Was ich für mich heute erkannt habe, ist, dass diese Zeit besonders von zwei Arten von Emotionen geprägt wurde. Die Emotion des reinen Glücks und die Emotion der reinen Trauer.

Ich möchte Ihnen nun einige Augenblicke des „reinen Glücks" aus dieser Zeit aufzählen:

Als reines Glück empfand ich, wenn ich meine Tochter lachend am Spielplatz sah und sie mich so bewegte, dass ich mit ihr wieder zum Kind wurde. Das unbeschwerte, lebendige Kind-Sein.

Als reines Glück empfand ich, wenn ich mit ihr Ausflüge machen konnte/durfte. Unser Highlight war sicherlich der verträumte Märchenwald. Das fantasievolle Wesen in sich zu beleben.

Als reines Glück empfand ich, meine Tochter sehen zu dürfen und mit meiner Tochter einfach zusammen zu sein. Einfach nebeneinander zu sein, sich zuzuhören sowie umarmt und geliebt zu werden. Die reinste Form von Zuwendung zu erleben.

Um das erlebte Spannungsfeld aufrecht zu erhalten, gebe ich hier auch der „reinen Trauer" erneut einen Raum.

Als reine Trauer empfand ich, als sich meine Tochter in die Hose machte und ihre Angst aufkam, dass sie so nicht nach Hause gehen kann. Welche Furcht muss in ihr gewesen sein?

Als reine Trauer empfand ich, als ich nach einem wundervollen Tag mit meiner Tochter vom Gericht einen Brief erhielt, dass mein Kind aufgrund meiner nicht vorhandenen Hasen einen Asthmaanfall hatte. Welche Gedanken/Gefühle hatte meine Tochter, als sie dies aus ihrer Realität erzählte?

Als reine Trauer empfand ich, als ich erfuhr, dass meine Tochter bei einer Homöopathin war und sich herausstellte, dass sie an einem psychischen, initiierten Asthma erkrankt war. Welche Spuren hatte unsere Familiengeschichte bereits in ihrer kindlichen Seele und ihrem Körper hinterlassen?

Gewitterwolken der Emotionen überrollten mich. Die weiteren Entscheidungen wurden per Gericht gerichtet und getroffen. Trotz dem Zuspruch von drei Richtern am Landesgericht in Leoben entschied eine Person über unser Leben. Der letzte Richter entzog mir für Monate das Besuchsrecht und entzog mir unbewusst gleichzeitig meinen Willen zu leben. Ich hatte das Gefühl, keine Macht, keinen Einfluss zu haben. Eine Ohnmacht erfasste mich. Ich hatte das Gefühl, dass mir alle Hände gebunden wurden.

„Ich werde morgen früh aufstehen und werde mein Kind nie, nie mehr wiedersehen."

Ich hatte nur noch diesen Gedanken, die Vorstellung, die unsagbar traurige, schmerzliche, bebende und aussichtslose Emotion in mir. Da ich selbst in meinem *„Lebensfilm"* verfangen war, fehlte mir der Weitblick, viele Dinge anders zu sehen und ich verkroch mich in die Ausweglosigkeit. Ich fuhr nach Hause, in mein Elternhaus, wo ich zu dieser Zeit lebte. Ich wurde zerrissen. Ich wurde innerlich zerrissen. Zerrissen von Gedanken an Wut, Mord, Zorn, Trauer und dem Gedanken, aus dem Leben zu gehen. Ich konnte mich nicht mehr kontrollieren, mein Körper reagierte, ich war nicht mehr Herr über meinen Geist und meine Sinne. Ich fuhr an den See und stand vor dem *„Wasser des Lebens"* und alles, was aus den Tiefen meines Seins kam, war:

„Ich will nicht mehr leben. Ich möchte einfach, dass meine Tochter glücklich ist."

Ich stieg in mein Auto und fuhr zu diesem kleinen Tunnel. Meine Angst war unbeschreiblich groß, jedoch nicht so groß und stark wie mein Herz und mein Verstand. Ich erinnerte mich an meine frühere Psychiaterin und gewann wieder Macht über meinen emotionsdurchfluteten Körper. Ich wählte ihre Nummer. Diese (Beg-)Leitung rettete mir in diesem Moment der Zerrissenheit und Zerfahrenheit mein Leben.

„Eine Ausweglosigkeit bringt dich an die Grenze, an den Punkt zu entscheiden, darin steckenzubleiben oder sich der Veränderung zu stellen. Sehr wohl beinhaltet Veränderung anzusehen, welche Traumata man im Leben erlebt hat. Sehr wohl lässt sie auch den Blick zu, Wunderbares endlich wieder zu sehen und zu entdecken. In der Gegenwart, sowohl als auch in der Vergangenheit."

Für Natalie: „Die größte Liebe siehst du im Spiegel."

Natalie, gleichgültig, wo du bist und dieses
Buch vielleicht lesen wirst -

du bist ein Geschenk des
Himmels.

Das „Helfer-Heldentum-Syndrom"

(Die Erforschung der Anerkennung)

Wenn man sozial arbeitet, Menschen begleitet,
sich berührt, tauschen sich Energien,
Emotionen und Gedankenmuster aus. Sie
können energievoll bereichern oder aber auch
energiereich nehmen. Manchmal sind die
Begegnungen besonders in der manuellen
Massagearbeit derart intim und intensiv
gewesen, dass das Gefühl in mir aufkam, den
Menschen völlig *„nackt"* zu sehen. Mit *„völlig*
nackt" meine ich, die reine Seele, den Reichtum
des Innenlebens des Menschen. Nackt und
wahrhaftig, in der Vollkommenheit und Vielfalt.
Das ist unter anderem die Kraft der
Berührungen.

Es war und ist ein Geschenk. Eine Begabung, die ich nach und nach wahrnahm, erforschte, erspürte, erkannte und mittlerweile benennen kann. Ein Geschenk, mit dem ich sorgsam umgehen sollte, doch war es mir zu dieser Zeit noch nicht bewusst. Ich wusste noch nicht und hatte keine Idee, welches Ausmaß dieses Geschenk auf mich, mein Leben und meine Psyche haben würde. In diesem Fluss des Linderns war ich jedoch auch von dem Wunsch zu helfen, andere zu unterstützen und ihr Leid auf „allen Ebenen" zu mildern, getrieben. Ich war auch getrieben und, ehrlich gesagt, neugierig, diese Gabe auch für mich selbst zu erforschen. *Wie kann ich Menschen auffangen? Welche Atmosphäre braucht es? Wie kann ich es noch besser machen, sodass sich die Menschen, die ich behandle, wohlfühlen und wieder-kommen möchten?* Ich wurde von Per-fektionismus erfasst und getrieben.

Ich arbeitete in einem 5 Sterne-Wellnesshotel in Tirol und schätzte mich glücklich, in einem Bereich an einem wundervollen Ort arbeiten zu dürfen, zu dem Menschen zur Erholung hinkommen, ihre Erschöpfung ablegen und sich stärken und auf allen Ebenen bestmöglich regenerieren möchten. Es war meine Zeit, mein Ort für mich und meine Begabung. Ich liebte es, den Menschen ein Stück vom Glück (mit)geben zu dürfen und schätzte es sehr, nicht in einer industriegetriebenen Maschinerie funktionieren zu müssen. Doch auch an einem wundervollen Ort, in einer Tätigkeit, die man aus vollem Herzen liebt, schleicht sich nach und nach Perfektionismus ein. Ich begann mich exzessiv mit Menschen, die ich begleitete, auch in meiner Freizeit zu beschäftigen. Meine Gedanken rotierten permanent um die Frage: *„Wie kann ich dem Menschen helfen?"* An sich spannend, da ich innerlich aufgewühlter wurde und gleichzeitig den Menschen Ruhe und Erholung schenken wollte. Sie kamen gerne zu mir, fühlten sich wohl und tankten von meiner Energie. Ich genoss es, etwas Besonderes geworden zu sein. Und mit diesem Zuspruch, dieser An- und Zuerkennung, war ich zeitgleich immer mehr getrieben, Lösungen zu finden. Manchmal vielleicht auch ungefragt.

Das „Helfer-Heldentum-Syndrom", wie ich es inzwischen liebevoll benenne, hatte überhandgenommen, da ich in meiner Profession völlig mit Herz und Seele, von Kopf bis Fuß aufblühte. Ich rechnete jedoch nicht damit, dass diese Blüte ihre Zeit hat und nach dem Gesetz der Natur, verwelken wird. Ich ging über meine Grenzen und bemerkte erst zu spät, wie aus der Tätigkeit, die ich gerne machte, eine Tätigkeit wurde, die mir selbst das Glück und meine Zufriedenheit nahm. Es geschah über Nacht. Ich konnte es nicht steuern. Ich wachte auf und wollte keinen Menschen mehr berühren. Der Widerstand, der in mir war, war unbändig groß. Ein erstes Anzeichen, vielleicht auch ein Beginn meiner schlummernden Angststörung. Ich hatte mich selbst an den Rand gebracht und meine Begabung gehen lassen. Ich hatte wieder einmal vergessen, auf mich selbst zu achten. Ich hatte erneut „mein inneres ICH" gegen das „Helfer-Heldentum-Syndrom" getauscht.

Ich wanderte von meinem Herzen komplett in den Kopf. Aus „Herz und Kopf" ist fast über Nacht ein „Herz oder Kopf" entstanden. Ein hoher Preis. Ich hatte aufgegeben und landete in einer industriegetriebenen Maschinerie. Ein dreijähriges berufliches Labyrinth.

Die Industriegeschichte

Ich versuchte eine Sicherheit zu finden, mir eine Sicherheit aufzubauen und schlitterte in einen quasi *„Nine to Five"* Job. Ich wollte, wie viele andere Menschen auch, einfach einen Job haben, der mich nur in der Zeit forderte, jedoch nicht überforderte. Einen Job, der Geld bringt und mir genügend Zeit und Kraft für meine anderen Lebensbereiche und Aktivitäten lässt. Leider ist auf diesem Weg einiges anders passiert. Ich hatte einen Chef, der recht schnell erkannt hatte, dass ich ein verlässlicher *„Ja-Sager"* war. Drei Jahre lang ist es mir regelmäßig aufgezeigt worden, dass es eventuell einmal an der Zeit wäre *„Nein"* zu sagen, doch war ich derart getrieben von den schönen Worten meines Arbeitgebers und meiner Kollegen, dass mir diese vier wertvollen Buchstaben nicht über die Lippen gekommen sind. Meine *„Ja-Sager"* Fähigkeiten brachten mich jedoch dazu, dass ich innerhalb von sechs Monaten vom Produktions- in den Laborbereich wechseln konnte.

Das *„Laborratten-Hamsterrad"* hatte begonnen. Am Anfang war es aufregend und cool. Ich konnte mit unglaublich großartigen Professoren für die Weltraumforschung zusammenarbeiten, was meine Motivation, mich weiterzuentwickeln und bei den Produktentwicklungen als *„grandioser Geist"* zu gelten, ankurbelte. Also ratterte es 24 Stunden in mir und raubte mir zunehmend meinen Schlaf und damit auch meine Konzentration und meine Gelassenheit. Was ich nebenher etwas übersehen hatte, war, dass ich auch ein Leben außerhalb des Firmengeländes hatte. Die ersehnte freie Zeit und meine Ehe verliefen nach und nach im Sand.

Was bewegte mich dazu, diesen „verlässlichen Ja-Sager-Weg" zu gehen und mir Hamsterräder zu (er)schaffen?

Laborratten-Hamsterradnr. 1: Mir wurde angeboten, die Position einer Doktorin einzunehmen. Mir wurde vermittelt, dass ich anscheinend ein ähnliches Potential hatte wie sie. Ich nahm die Stelle an und schulterte mir ein

Stück weit unbewusst die Last auf, einen großartigen, engagierten und liebenswerten Menschen, im übertragenen Sinn, eine Kündigung geschickt zu haben. Und plötzlich war ich labortechnischer Leiter.

Laborratten-Hamsterradnr. 2: Als labortechnischer Leiter hatte ich das Gefühl, permanent über meine Leistungen gehen zu müssen, um Allem gerecht zu werden. Es kam tatsächlich dazu, dass ich 24 Stunden durcharbeitete. In dieser Zeit war ich unkonzentriert und es fiel mir eine Lauge hinunter. Der Inhalt gelangte in meine Augen. Ich musste ins Krankenhaus und war arbeitsunfähig und dennoch scheute sich meine Arbeitgeber nicht davor, mich anzurufen und mich in die Firma zu bestellen, da nur ich eine besondere Maschine bedienen konnte. Trotz meines Krankenstandes ließ ich mich hin und her führen und erledigte die Arbeit, anstatt im wahrsten Sinne des Wortes das Warnsignal zu sehen.

Laborratten- Hamsterradnr. 3: Während wir als Firma beim Grazer Businesslauf teilgenommen haben, lief in der Firma ein millionenschwerer Versuch, für den ich verantwortlich war. Anstatt im Anschluss mit meinen Kollegen zu feiern, setze ich mich ins Auto und fuhr in die Firma. Der Versuch ist geglückt, mein *„grandioser Geist"* war genährt und ich wurde im Glaubenssatz *„Ohne Fleiß kein Preis"* bestärkt. Druck und Anspruch wurden jedoch zeitgleich auch größer sowie meine Schlafstörung und mein ungesunder Lebenswandel.

Ich bekam die Rechnung präsentiert. Neben der Arbeit und meinen gesundheitlichen Problemen nahmen die privaten Belastungen zu. Meine Ehe verlief im Sand, die *„Nicht-Beziehung"* mit meiner Tochter lastete auf mir und meine Psyche und mein Körper kratzten bereits an den letzten Reserven.

Der krönende Abschluss war, dass es in der Firma, in meinem Labor einen Brand gab. Ich wurde mitten in der Nacht ins Labor gerufen. Die Polizei und die Staatsanwaltschaft waren bereits vor Ort. Die Untersuchungen liefen. 14 Tage. 14 Tage lang kehrte sich alles um. Ich hörte 14 Tage lang, dass ich die Verantwortung und Schuld trug und bekam die Angst und Vorwürfe meiner Kollegen, die Angst hatten, ihren Job zu verlieren, zu spüren. Der Druck meiner Vorgesetzten war immens. Es stellte sich heraus, dass jemand vergessen hatte, die Heizung abzudrehen und dass der Brand daraus entstanden war. Mich traf also keine Schuld und doch hatte sich dieses Gefühl tief in meine Seele, in meine Psyche gegraben.

Das Labor wurde wiederaufgebaut und ich war wieder bereit, auf das Firmengelände zu gehen und meine Arbeit aufzunehmen. Als ich jedoch vor den Werkstoffen stand, erfasste mich eine unglaubliche und unbeschreibliche Angst, die mich erstarren ließ. Ich konnte mich nicht mehr bewegen, ich konnte nichts mehr angreifen. Mein Körper, meine Psyche brachten mich in eine „Schockstarre". Ich hatte das Gefühl ein Déjà-vu zu erleben, nur dass es diesmal keine Menschen waren, die ich nicht mehr berühren wollte, sondern Maschinen. Ich war in eine komplett andere Welt getaucht. Meine Psyche war in eine komplett andere Welt abgetaucht. Ich war von einem Menschen, der Großartiges vollbracht hatte, zu einem Menschen geworden, der sich am Weg in die Psychiatrie befand. Ein Mensch voller Ängste, Zweifel und Zerrissenheit. Ein Mensch auf der Suche nach …

2. Teilstrecke

Ein Jahrzehnt in meiner Opferrolle

Meine Zeit in der Psychiatrie

Tagebucheintrag 1. November 2010

„Ich sah weiße Lichter. Ich sah die weißen Lichter im Rettungswagen. Sie blendeten mich und wirkten auf mich wie Laserstrahlen, die mich durchbohrten. Regungslos, starr. Fern nahm ich Stimmen von Fachkräften wahr. Wie ein leises, andauerndes Surren. Ein andauerndes, monotones Surren, das ich bereits von den Maschinen her kannte. Es lähmte mich. Es brach mich. Es stürzte mich noch mehr in meine neue Welt. Meine neue Welt mit dem Namen „Psychiatrie".

An mein „Seelen-ICH",

Lieber Seelenfrieden, dieses besondere Intro gehört nun dir. Ich habe durch deine unbändige Kraft, deine unbändige Erschütterung erst gelernt, dass nichts selbstverständlich ist und nichts besessen werden kann. Lieber Seelenfrieden, du hast mir gezeigt, dass ich erst, wenn mir scheinbar alles genommen wurde, erwachen werde. Lieber Seelenfrieden, du hast mir unmissverständlich mitgeteilt, dass ich erst aus der Tiefe heraus begreifen werde, was es heißt, Verantwortung zu übernehmen und zu verstehen, dass mir nichts genommen wurde, sondern ich selbst mir alles genommen habe. Aus diesem Verständnis heraus habe ich erkannt, dass ich selbst der Einzige sein werde, der mich und dich heilen kann.

In Liebe, Andreas

Die Reise in der Psychiatrie ist eine Reise in der Schulmedizin. Es ist für mich vorweg keine Heilung der Seele, sondern eher ein Weg, körperliche Symptome zu mindern bzw. zu lindern. Doch war mir bewusst, dass mein Seelenfrieden, das Eintauchen in mein Herz, erst über Gespräche und die innere Einkehr stattfinden würde. Ich bin jedoch niemand, der vermitteln möchte, dass dies keinen Sinn macht. Irgendwo beginnt der Weg und dank unseres Systems ist dadurch ein erstes Auffangen möglich.

Der erste Aufenthalt war bei den Barmherzigen Brüdern in Graz. Es war meine erste Station, an der ich mit vielen unterschiedlichen Ärzten und der Schulmedizin in Kontakt kam. Mein erster Aufenthalt war für drei Wochen, wobei es vorrangig darum ging, meinen Körper zu stabilisieren bzw. zur Ruhe zu bringen. Es wurde auf den Erfahrungsschatz und die Forschung aus der Schulmedizin zurückgegriffen, die mir Unmengen von Psychopharmaka bescherten und meinen Körper im wahrsten Sinne des Wortes beschwerten. Niedergedrückt, nicht klardenkend, wie in einen Nebel gehüllt.

Was für mich jedoch sehr unangenehm war, ist, dass man die meiste Zeit, die man dort verbringt, in Gruppen unterwegs ist. Zehn bis zwölf Teilnehmer sind anwesend, die nach und nach von ihrer Geschichte erzählen. Es ist mir bewusst, dass dadurch eventuell vermittelt werden sollte, dass man nicht allein ist und es einigen Menschen ähnlich ergeht und man voneinander lernen kann. In meiner Wahrnehmung war es jedoch so, dass nicht viel Zeit übrig war, über mich zu erzählen und mich die anderen Lebensgeschichten eher belasteten als entlasteten. Ich war doch erst in meinen Prozess eingestiegen.

Es gibt einzelne Gesprächstermine, doch meines Erachtens nach nicht ausreichend. Nicht ausreichend, um langsam in die Seele einzutauchen. In die Seele, die jedoch zeitgleich auch ein Stück durch die Psychopharmaka vernebelt ist. Es ist mir bewusst, dass der Prozess herausfordernd ist, da es als allererstes in der Begleitung eines Psychiaters, mit Hilfe eines Psychologen durch Testverfahren eine Diagnose zu finden galt, um die passende Medikation zu finden beziehungsweise mich schnellstmöglich wieder entlassen zu können.

Die Betten und Plätze sind rar, in Anbetracht der steigenden Zahl und des zunehmenden Bedarfs unserer leider immer mehr erkrankten Gesellschaft.

Es ist ein wenig spitzfindig, ich weiß. Doch habe ich durch einige Aufenthalte für mich festgestellt, dass man zwar schnell aufgefangen bzw. gut erstversorgt wird, man jedoch bereits gleichzeitig die Türklinke in der Hand hält. Vielleicht hätte ich mir einige Besuche erspart, wäre ich mehr mit dem Thema *„Selbstverantwortung - die Verantwortung mir selbst gegenüber"* und was dies in weiterer Folge für mein Tun in meinem Alltag heißt, konfrontiert worden.

Ich hatte drei Wochen Zeit. Ich hatte drei Wochen Zeit, anzukommen, eine Diagnose zu erhalten, Medikamente mit meinem Körper auszutesten, einen strengen Tagesplan einzuhalten und das bestmögliche Bild von mir zu erschaffen und abzugeben, um meinen Platz wieder freizumachen. Verstehen Sie mich richtig, es ist definitiv sinnvoll, sich im ersten Moment auffangen zu lassen, doch hinterfrage ich die Sinnhaftigkeit einiger Maßnahmen. Immerhin verließ ich die Psychiatrie mit einer

Überschrift, mit der ich auch im Außen leben konnte, ohne mein Gesicht zu verlieren. Hand in Hand mit der Diagnose *„Burnout"* und vier Medikamenten pro Tag checkte ich aus.

Wir schließen an dieser Stelle den ersten Akt der Psychiatrie und tauchen gemeinsam in meinen ersten Reha-Aufenthalt ein.

Herzlich Willkommen in Radegund

Mir wurde eine 6-wöchige Reha in Radegund zugesprochen. Ich hatte nun die doppelte Zeit, mich in Begleitung von Experten kennen-zulernen und mich bzw. meine Psyche zu stabilisieren. Sechs Wochen, in denen Experten meinen Alltag gestalteten und nach ihren Ideen, Erfahrungen und Vorgaben mir und meiner Seele/meiner Psyche einen Plan auferlegten, wie sie gesund werden sollte(n). Mein Seelenheil hatte jedoch einen anderen Plan.

Was dort jedoch zu 90% passiert, passiert aus einer Gestaltung von Menschen, die nicht verstehen und nachvollziehen können, wie es sich tatsächlich anfühlt. Ebenso, welchen Tages-

Beschäftigungsrahmen es brauchen würde, um wieder aufzustehen und die Schönheit der Welt wieder sehen zu können. Ich erhielt eine Karte mit meinen Therapieterminen, die von der Krankenkasse bezahlt wurden. Es ist fein, diese *„Check-your-life-Karte"* zu erhalten, doch hatte ich ernsthaft zu tun, dies alles zu erfüllen, um den Sanctus *„Geheilt beziehungsweise stabil zu sein"* zu erhalten.

Auch wenn es nicht schön klingt, war ich sechs Wochen mit meinen Gleichgesinnten, mit all den *„Opfern"* unterwegs und verbrachte täglich mehrere Stunden damit zu, zu töpfern, zu stricken, zu malen und mir viele bedrückende Geschichten von anderen anzuhören, ihre Gesichter zu sehen und ihre Emotionen zu spüren, die sich zunehmend mit meinen vermischten. Immerhin habe ich auch herausgefunden, dass Töpfern und Stricken nicht meine Leidenschaften sind. Ich war beschäftigt, jedoch nicht mit mir selbst.

Erleben Sie nun einen Tag mit mir…

7 Uhr Aufstehen, Medikamente holen, duschen gehen und anziehen

8 Uhr Frühstück im Großraum mit anderen 80 Mitbewohnern

9 bis 10 Uhr Start in den Tag mit einer Gruppentherapie

15 Minuten Pause

10:15 bis 11 Uhr Entspannungsrunde in der Gruppe

11:30 Mittagessen im Großraum mit anderen

80 Mitbewohnern, Medikamenteneinnahme

12:00 bis 13 Uhr Mittagsruhe

13 Uhr bis 15 Uhr Ergotherapie: Kreative Beschäftigung in der Gruppe

15 Minuten Pause

15:15 Uhr bis 16:15 Uhr Achtsamkeitstraining in der Gruppe

16:30 bis 17 Uhr Abendessen im Großraum mit anderen 80 Mitbewohnern

Ab 17 Uhr Freie Zeit im Haus mit 80 Mitbewohnern

19 Uhr Abendmedikation und Nachtruhe

*2x in der Woche: Einzeltherapiegespräch

Über einen ganzen Tag hinweg bewegte ich mich Tag für Tag in der Gruppe und musste mich täglich öffnen, über mich reden, wie es mir mit den Medikamenten geht und mich den Verhaltensweisen und den Widerständen der anderen ausliefern. Viele negative Emotionen schwirrten geballt umher, was nicht wirklich dazu beitrug, mich in den Gruppen-Entspannungsrunden fallen zu lassen und Energie zu tanken. Ich hatte das Gefühl, in einer Spirale gelebt zu haben. In einer Spirale der Verpflichtung, die mich ständig in meiner Opferrolle hielt und bestärkte und weniger die Möglichkeit bot, aus- bzw. umzusteigen, um den Fokus *„vom Opfer zum handelnden Täter"* zu verändern und zu verstehen. Den Täter in mir zu enttarnen und zu erwecken, der tatkräftig der Opferrolle entgegentritt und ihr die Stirn bietet.

Durchaus ist es sinnvoll, aus den eigenen vier Wänden zu gehen, aus dem Umfeld weg zu sein, einen anderen Ort zu besuchen und Hilfe anzunehmen, die einem geboten wird. Durchaus ist es jedoch auch sinnvoll, zu hinterfragen, welche Hilfe in welcher Form stützt. Ebenso, welche hindert oder in der Dichte sogar überfordern kann.

Mit all den Eindrücken im Gepäck checkte ich aus und wurde in mein Leben entlassen. Ich zog mit all meinem Hab und Gut zu meinen Eltern. Mein Hilfsnetz bestand nun daraus, einmal in der Woche in eine Gesprächstherapie in ein Therapiezentrum zu gehen und alle 3 Wochen einen Psychiater zu konsultieren. Dieses neue Rad war mein neuer Lebensinhalt, der mit noch mehr Psychopharmaka garniert wurde. Sehr erfüllend und heilend, wie Sie es sich denken können. Weit kam ich damit nicht.

Ein Jahr später war ich erschöpft und ich ließ mich selbst im LKH Graz in die psychiatrische Abteilung aufnehmen. Ich erhielt eine neue Diagnose. Ich stieg vom *„Burnout"* in eine

„Angststörung" um. Dort habe ich zum ersten Mal die Erfahrung gespürt, dass ich ein Teil des Systems war. Sie nahmen mir alle Medikamente, die ich bis dato nahm, weg und versorgten mich zehn Tage lang nur mehr mit Beruhigungsmitteln. Ich hatte keine Information darüber erhalten, dass ich mir eine Benzodiazepin-Pille nach der anderen einwarf. Wegen ihrer angstlösenden und ent-spannenden Wirkung, die mich letztendlich in eine Abhängigkeit führte. So stolperte ich gleich einmal in einen Entzug. Körperlich war dies meine schlimmste Erfahrung. Ich machte einen kalten Entzug. Es waren unendlich lange Tage, an denen ich zitternd, schwitzend und apathisch im Bett lag und mir beim Sterben zu sah. Ein absoluter Nullpunkt. Letztendlich kam es mir so vor, als wäre das Ganze, also ich, ich - der Mensch Andreas, ein einziges Benzodiazepin-Experiment gewesen. Nachdem mein Körper es überstanden hatte, standen zu meiner Überraschung eins zu eins dieselben Medikamente, die ich vorher eingenommen hatte, wieder auf meinem Rezept.

Es ist mir wichtig, an dieser Stelle noch sichtbar zu machen, dass jede Form von Medikamenten eine Abhängigkeit erzeugt. Man weiß, dass Benzodiazepine (Beruhigungsmittel) körperlich abhängig machen und es den Antidepressiva nicht zugeschrieben wird. Ich sehe dies jedoch ein Stück weit anders. Ich denke, dass bei manchen eine körperliche Sucht entsteht, erzeugt und wachsen kann, doch besteht ebenso die Suchttendenz auf der psychischen Ebene. Ein Gedankengang, der so stark geformt und verstärkt worden ist, sodass man sich selbst das Gefühl vermittelt, *„nur"* mit diesen Medikamenten leben oder *„gesund sein"* zu können. Auch dies ist für mich eine Abhängigkeitsbeziehung. Das ganze Zusammenspiel wird zudem auch gefördert mit der Idee, die Medikamente zu einer bestimmten Zeit zu nehmen und man in Panik geraten kann, wenn man dies nicht tut. Sicherlich ist es für den Körper sinnvoll, zu bestimmten (Tages)Zeiten unterschiedlich herausgefordert zu werden, doch prägt es unterschwellig ein Suchtverhalten. Grundlegend geht es darum, etwas in seinem eigenen Körper und auch der Psyche zu unterdrücken. Für einen gewissen ersten Rahmen scheint es sinnvoll zu sein, für den Prozess nicht nur die Symptome zu bekämpfen, braucht es jedoch ein Stück weit auch den Willen, sich die Abhängigkeitsbeziehung anzusehen und hinter die eigenen Kulissen zu schauen. Und auch ein Stück weit hinter die Kulissen der Pharmazie, der Medikamente, mit denen man diese Beziehung eingeht, denn jede Beziehung hat auch Nebenwirkungen.

„Veränderungen erfordern im Leben einen grundlegenden Wandel unseres Denkens, Handelns und Fühlens. Das Fühlen ist der Schlüssel."

Ich schlitterte den Irrweg entlang, war in der Medikation gefangen, die mir den Blick nahm, mich auf mein gesundes Dasein zu konzentrieren und diesen Anteil zu stärken. Ich hatte keinen Blick mehr auf eine gesunde Lebensweise und was ich dazu beitragen kann. Ich nahm die Medikamente ohne Bewusstsein, welche Nebenwirkungen und Langzeitschäden daraus entstehen könnten. Ich hörte auf zu denken und fügte mich den Rezepten, die mir gegeben wurden, ohne einen klaren Gedanken zu fassen, wie ich aus der Spirale wieder aussteigen könnte. Nicht nur innerlich war ich von mir und meinem Seelenfrieden meilenweit entfernt, sondern auch äußerlich. Unter anderem haben mich die Medikamente körperlich, geistig und seelisch in ein Ungleichgewicht gebracht - kontraindikativ würde ich sagen. Ich nahm zu, meine Leber-Nierenwerte sprengten den Rahmen und mein Herz kam regelmäßig aus dem Rhythmus. Meine Selbstwahrnehmung und Selbstliebe hatten vor keinem Spiegel mehr Platz.

Es folgten zwei weitere Rehabilitationsaufenthalte. Ein Déjà-vu par excellence, ehe ich ins LSF Krankenhaus in Graz eincheckte und neugierig war, ob ich eine neue Diagnose erhalten würde. Meine Neugierde wurde befriedigt. Ich erhielt die Diagnose einer *„schweren, generalisierten Angststörung"* und damit für mich die Vorstellung, nur mehr völlig isoliert überleben zu können.

Der Aufenthalt im LSF, im Vergleich zu den anderen Aufenthalten, war von Beginn an anders. Ich konnte keine Kontakte ertragen, war zutiefst eingeschüchtert, ängstlich und voller innerer Anspannung und Zweifel. Bereits nach einer Woche fing ich an, mich im Keller der Psychiatrie zu verstecken, mir Lügen für mein Fernbleiben von Therapien zurecht zu legen und mir einen Kokon zu bauen. Der Schrei meiner Ängste war so intensiv und laut geworden, dass mein Körper es trotz der vielen Medikamente nicht mehr kompensieren konnte. Mein Körper schien nun völlig von meiner Psyche losgelöst zu sein und ein Eigenleben entwickelt zu haben. Die Folge: Mein Medikamentencocktail wurde auf 25 Tabletten pro Tag erhöht. Fünf Medikamente gegen die Angststörung, die mich auf den Boden zwangen, brachten mir eine weitere Tablette für den Antrieb ein. Darauf folgten wieder zwei andere zum Eindämmen der Nebenwirkungen. Eine Kettenreaktion ohne Ende, die eine Medikamentenreduktion unmöglich erschienen ließ.

Ein kleiner Auszug aus meinem Psycho-pharmaka-Cocktail über die Dauer von 10 Jahren. Ein Versuch, die ersten Symptome und mich, meine Seele und Psyche einzudämmen. Natürlich kamen einige Medikamente dazu, die die Nebenwirkungen ausgleichen sollten.

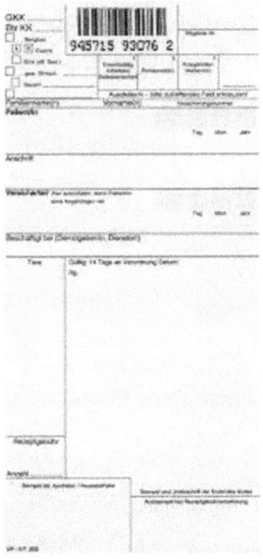

Antidepressiva: Atarax, Cipralex, Efectin, Mirtabene, Trittico

Antipsychotika: Dominal, Seroquel, Nozinan, Zyprexa, Quetialan

Antiepileptika: Lyrica

Tranquilizer: Temester, Xanor

Zusätzliche Medikamente für: Blutfettwerte, Herzrhythmus, Leberwerte und Magenschutz

Schlafmittel kamen von Zeit zu Zeit dazu.

Einige Nebenwirkungen: Schlafstörungen, Verdauungsstörungen, Zittern, Muskelverkrampfungen, motorische Unruhe, innere Unruhe (Ruhepuls über 120), Schweiß, Sexualstörung, Sodbrennen, Gewichtszunahme, Herzrhythmusstörungen, Verschlechterung der Nieren- und Leberwerte und vielleicht auch einige, die mir nicht bewusst waren.

Auszug aus meinem Angstalltag

„An einem schönen, sonnigen Tag stand ich im Park des LSF an einer Wand angelehnt. Es sind Menschen an mir vorüber gegangen. Ich wollte mich zu ihnen nachdrehen, ihnen nachsehen, ihnen von der Ferne aus begegnen. Ich wollte wieder in Kontakt gehen, doch mein Körper blieb stark und stur in seiner Verharrung. Selbst unter Menschen, denen es ähnlich erging wie mir, selbst zu den Gleichgesinnten konnte ich mich nicht hindrehen. Ich fühlte mich in einer bereits isolierten Gruppe isoliert. Gesteuert von meinem Körper-Ich, verletzt von meinem Seelen-Ich, fühlte sich mein Herz einsam und allein. Alles, was zurückblieb, war eine Hülle, die an einem schönen, sonnigen Tag im Park des LSF an einer Wand lehnte."

Irgendwie wurde es dennoch möglich, mich zu Gesprächen einzufangen. Ich hatte eine Psychiaterin, die mich beobachtete und sich die Zeit nahm, herauszufinden, wohin ich abgedriftet war. Welche Angstwelten ich mir aufgebaut hatte. Ihr war bewusst, dass ich nicht mehr arbeitsfähig sein würde und sie organisierte einen Mediziner von der PVA, der mich begutachtete. Mit diesem Gutachten der Arbeitsunfähigkeit erhielt ich die Invaliditäts-Pension. Einerseits war es entlastend und andererseits wurde ich dadurch von der leider noch immer vorherrschenden, nach Anerkennung strebenden, arbeitenden Gesellschaft isoliert. Ich verlor ein Stück weit noch mehr von meinem *„Wert und Sinn"*.

Mit diesem Wertgefühl ging die Reise weiter. Ich nahm es in Kauf, diese Art der Anerkennung mein Leben lang nicht mehr zu erhalten. Ich war getragen von dem Gefühl, dass mir der Druck genommen wurde und ich endlich zur Ruhe finden würde. Absurd.

Die Psychiatrie und diese I-Geschichte haben mir erlaubt, mich auf der Diagnose und meinen Verhaltensweisen auszuruhen und sie als Erklärung und Entschuldigung ständig parat zu haben. Mir wurde Zeit geschenkt, meine Arzttermine wahrzunehmen, mein Leben vor dem TV zu verbringen, jedoch auch Zeit geschenkt, mich mit allem anderen zu beschäftigen als mit mir selbst. Ich suchte mir neue tageserfüllende Aufgaben, die zwar meinen Selbstwert und mein *„Angesehen-Sein"* wieder steigerten, jedoch nichts an den Ursachen meiner Erkrankung lösten. Verstehen Sie mich richtig, es ist wichtig und wesentlich, eine Tagesstruktur und einen positiven, erfüllenden Inhalt zu haben. Es ist jedoch gleichermaßen wichtig, sich nicht zu verstecken, es vorzuschieben oder Ausreden zu finden, sich nicht mit sich selbst zu beschäftigen.

> *„Selbst auf dem Grund des Bodens liegen Schätze, die auf einen warten".*

Meine (neuen) Lebensaufgaben

Mir war bewusst, dass ich nicht mehr in einer Gemeinschaft sein wollte, in der ich permanent mit *„Krankheiten und Lebensgeschichten"* konfrontiert wurde, auch wenn das Gesundheitssystem meint, dass dies hilfreich und heilsam sein könnte. Daher suchte ich nach einem erfüllenden Tagesplan für mich, sodass ich für mich wieder eine Sinnhaftigkeit entdecken und vor mir selbst bestehen konnte. Ich suchte und bekam Rückhalt von meiner Familie und um dem *„Wieder angenommen zu werden/zu sein"* zu danken, opferte ich mich in der nächsten Tätigkeit mit viel Liebe auf.

Ich begleitete tagtäglich meinen Onkel, der Krebs hatte. Ich fuhr mit ihm zu den Ärzten und Therapien und schenkte ihm all meine Aufmerksamkeit, Zuwendung und Kraft. Es tat mir gleichermaßen gut wie ihm und dennoch entzog es mir nach und nach meine Lebenskraft. Der Tod stand ständig im Raum. Ich habe die Ängste meines Onkels hautnah miterleben dürfen, ein hohes Vertrauen, das mir geschenkt wurde. An der Seite zu sein, meine Tante zu entlasten und die letzten Wünsche meines Onkels zu erfüllen. Zeitgleich glitten meine

Bedürfnisse und Wünsche in den Hintergrund. Es war für mich trotz allem ein unglaubliches Erlebnis, mit ihm Seite an Seite in der Palliativstation zu sitzen, mit ihm die Nachricht aus dem Arztgespräch auszuhalten, dass für ihn die letzten Tage des Lebens angebrochen waren. Die letzten sieben Tage meines Onkels verbrachten wir zuhause. Bis zwei Tage vor seinem letzten Atemzug war ich an seiner Seite. Ich habe ein so starkes Bild, eine Emotion nach wie vor in mir, die mich noch immer zutiefst bewegt.

„Es war in der Nacht, ich hatte gerade die Lippen meines Onkels mit einem Wattestäbchen befeuchtet, als er auf die Toilette musste. Sein Körper war jedoch zu schwach und so machte er sich an. Er stand mit seinen kindlichen, traurigen und schockierten Augen voller Scham vor mir. Unsere Augenpaare trafen sich und ich spürte ein unglaubliches Mitgefühl und Nähe. Nah trat ich an ihn und seinen Körper heran, wusch ihn und zog ihn in einer berührenden Stille um."

Ich war überfordert, mein Herz kam nicht mehr zu Ruhe. Es ging mir im wahrsten Sinne des Wortes *„unter die Haut"*. Drei Stunden nach dem letzten gemeinsamen berührenden Augenblick, den ich mit ihm teilen durfte, bekam ich am gesamten Körper einen Hautauschlag. Meine Seele zeigte mir ein neues Gewand. Einen Tag später vollzog er seinen letzten Atemzug.

Ich hatte mich zwar entschieden, mich aus der Gemeinschaft, aus dem System zurückzuziehen, meinen Tag mit meiner Hilfsbereitschaft auszufüllen, doch kam ich nicht darum herum, dennoch mit Ärzten, Psychologen und meinen Therapeuten in Kontakt zu bleiben. Einmal in der Woche hatte ich eine Gesprächstherapie und einmal in der Woche erhielt ich eine Art *„Sozialtraining"*, bei dem ich trainierte, einkaufen zu gehen und alltägliche Dinge wieder allein zu bewältigen. Ich lernte in dieser Zeit wieder mit dem Bus zu fahren, in die Post zu gehen oder nach dem Weg zu fragen und trainierte, wieder Sicherheit auch außerhalb meines gewohnten Umfeldes und meiner Familie zu erlangen. Durchwegs herausfordernd, eine gewisse Normalität wieder erlangen zu wollen, wenn man wie in eine Medikamentenpackung eingehüllt durch den Alltag wandelt.

Die Normalität. Das Leben - ein Mysterium für jeden Menschen, nicht nur für Personen, die Andreas heißen und mit einer generalisierten Angststörung durchs Leben spazieren. Dieses Leiden war jedoch auch mein Antrieb, meine Triebfeder, mich umzusehen, welche anderen Methoden, Wege oder Mittelchen es noch gibt, die mein *„Krank-Sein"* etwas weniger nährten. Ich entdeckte in der Zeitung eine Annonce einer Ärztin für eine Studie zu einem neuen Psychopharmaka-Produkt, das in Spritzenform verabreicht werden sollte. Es klang interessant, da diese Form mich vielleicht nicht jeden Tag bei der Medikamenteneinnahme mindestens zwei Mal daran erinnerte, dass ich erkrankt war.

Diese Ärztin ist mir positiv aufgefallen, da sie bereits Bücher über die Seele und andere Themen zur Psyche geschrieben hatte. Ich war geblendet und beeindruckt und kam nicht auf die Idee, Dinge zu hinterfragen. Ich fühlte mich als *„Auserwählter"*, dieses Produkt der Firma S. nehmen zu dürfen.

„Jeder Mensch, der seine Freiheit aufgibt, um Sicherheit zu gewinnen, wird am Ende beides verlieren."

Zwei Jahre lang bin ich alle zwei Wochen nach Wien gepilgert, um meiner Psyche eine Dosis Antiepileptikum, speziell für generalisierte Angststörungen, verpassen zu lassen. Zwei Jahre lang nahm ich auf dem *„goldenen Sessel"* Platz ohne Bewusstsein und Blick darauf, welche Nebenwirkungen und Langzeitschäden auf mich und meinen Körper zukommen könnten. Ich bin den Weg nach Hören und Sehen gegangen und habe das Fühlen außer Acht gelassen. Ich hatte nur noch vor Augen, in einer beeindruckenden Welt gelandet zu sein. Renommierte Ärzte, eine Privatpraxis im ersten Bezirk und meine Hoffnung, nun das Beste gefunden zu haben. Die erste Begegnung dauerte sechzig Minuten, in denen ich einmalig mit dieser Ärztin ein Gespräch führte. Ich saß ihr gegenüber und hatte nur mehr die Lösung, die einzig wahre Lösung vor mir. Dieses Wundermittel. Der Fokus, den ich verloren, ignoriert, gar ausgeblendet hatte, war, dass es sich um eine Studie handelte. Ich, mein Körper, mein Wesen wurden zur Studie. Ein hoher Preis. Ein unschlagbares Angebot. Eine vermeintlich greifbare Lösung und Heilung für mein Leid und das Ganze für mich - kostenfrei. Ich war ein Pionier, was mein Ego definitiv streichelte und vertragen konnte. Innerhalb weniger Minuten war ich aus meiner Unsicherheit und Suche und mit all meinen Ängsten mitten in einem scheinbar *„sicheren System"* gelandet. Verblendet. Wieder einmal verblendet. Ich hatte nie hinterfragt, welche Inhaltsstoffe genau im Produkt zu einem Cocktail gemixt wurden. Ich hatte nie hinterfragt, weshalb ich mindestens eine halbe Stunde nach der Spritzengebung noch sitzen bleiben sollte. Ich habe nie hinterfragt, welche Erkenntnisse bereits gewonnen worden sind. Ich habe nie hinterfragt, weshalb mir keine Information zuteilwurden bzw. ich nicht auf mögliche Nebenwirkungen hingewiesen wurde. Ich habe mich selbst in dieser Zeit nie hinterfragt, weshalb ich mir und meinem Leben all das antat. Nach meinem jetzigen Wissensstand nach wurde das Produkt in dieser Form vom Markt genommen. Ich wünsche mir aus tiefsten Herzen, dass jeder Mensch einen Mediziner an seiner Seite hat, der gemeinsam den Weg der Gesundheit und des Wohlgefühls geht und sich die Zeit nimmt, über Vor- und Nachteile aufzuklären, denn

UNWISSENHEIT schützt nicht vor Nebenwirkungen und Langzeitschäden. Seien Sie sich bewusst, Sie sind etwas Besonderes und stets auserwählt. Stets auserwählt, auf sich selbst zu achten.

Mein Vater - ein wundervoller Mensch

Neben meinen Wienreisen, meinem wöchentlichen therapeutischen Setting und meinen Busfahrten füllte ich nach dem Tod meines Onkels meinen Lebensalltag mit der Pflege meines Vaters. Mein Vater. Ein liebenswerter, aufrechter, fröhlicher und tiefgehender Wegbegleiter und treuer Gefährte.

„Danke, dass du an meiner Seite warst und ich dich wahrhaftig sehen und kennenlernen durfte. Ich sehe dich als Menschen, als Vater, als liebevollen Mann, mit einem zufriedenen, dankbaren, herzerwärmenden Lächeln im Gesicht. Du lebst in mir, meinem Herzen, meinen Erinnerungen und auch in diesem Buch weiter."

Mein Vater und ich hatten eine besondere Beziehung, nicht nur eine Vater-Sohn-Beziehung. Sie wuchs aus sich heraus zu einer unglaublichen, verständnisvollen Freundschaft. Der Begriff, die Vorstellung der Rolle des Vaters wurde abgelöst. Ich sah ihn als Menschen und lernte ihn kennen, als er meine Hilfe brauchte und ich sie ihm auch geben konnte. Ich könnte mich nun hinstellen und sagen, dass es fehlende Rücksicht auf mich und meine Lebensumstände war, stets meine Hilfe zu benötigen, die mich in manchen Situationen auch überforderte. Ich stelle mich nun jedoch hin und sage, dass es auch höchstes Vertrauen war, das er mir geschenkt hatte, indem er wusste, dass ich stets in seinem Sinne handeln würde und auf ihn achtete. Es gab Momente, in denen wir uns so nah waren, dass unsere Seelen miteinander kommunizierten und diese Verbundenheit tief ins Herz wanderte.

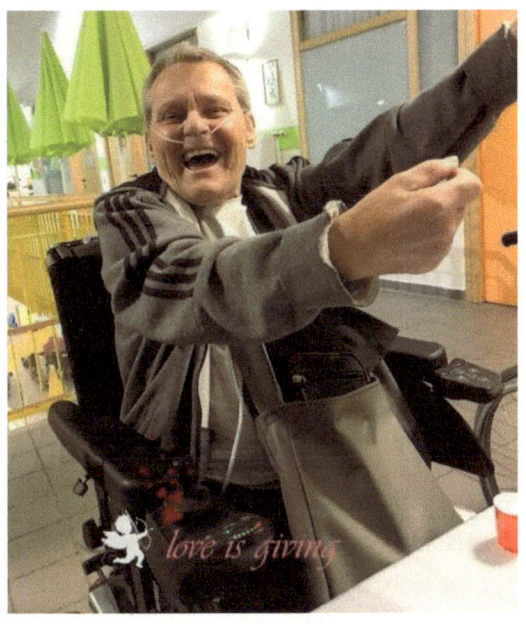

Ich fuhr mit meinem Vater zum Augenarzt und während der Fahrt sah er zu mir und sagte mir, dass er mir etwas anvertrauen möchte, das ihn schon sehr lange bewegte. Er sagte: „Andreas, in der Nacht lebe ich einen Anteil deines Lebens. Da lasse ich die Sonne, die ich untertags mit all den Menschen um mich herum teile, untergehen und die Trauer *und das Leid erhält Einzug. Diese tragen mich Hand in Hand mit dem Morphium durch die Nacht, bis ich morgens kurz die Augen schließe, Luft hole und die Sonne für die anderen Menschen wieder mit in den Tag nehme".*

Mein Vater hatte eine Verbindung von seinem Leben zu meinem Leben hergestellt und mich an seinem *„Schatten-Dasein"* voller Vertrauen teilhaben lassen. Ich spürte wiederholt ein *„Angenommen-Sein"*, das bis heute in meinem Herzen verankert ist und weiterlebt.

Mein Vater hat mir in all den Pflegejahren unbewusst mitgegeben, was er für seine Krankheit gebraucht hat, um weiter nach vorne zu schauen. Er zeigte mir, welch unglaublichen Mut es braucht, jeden einzelnen Schritt im Leben zu gehen, um das Leben weiterhin als lebenswert erleben/empfinden zu können. Es braucht Mut, Lebensfreude und einen starken Willen durch den Schmerz zu gehen, ihn anzusehen, was er aus einem macht und die Wunden täglich auskratzen zu lassen. Es braucht einen langen Lebens-Atem, beide Beine

zu verlieren und all die Probleme und Aus-
wirkungen von Diabetes mitzutragen. Für ihn
und auch für die Angehörigen.

Ich habe durch seine Offenheit verstanden,
dass, wenn ich wahrhaftig eine Veränderung
haben möchte, ich den Mut haben und mir die
Zeit nehmen und geben muss, Schmerzvolles
zuzulassen und durch den Schmerz hindurch-
zugehen. Dazu braucht es Vertrauen in sich
selbst und in das Leben.

Es war mir damals trotz meiner eigenen
Belastungen aus Liebe möglich, Verantwortung
auch im pflegerischen Bereich zu übernehmen,
ohne dafür eine Ausbildung zu haben. Die Liebe
besitzt unglaubliche Kräfte. Dennoch war ich
nach Jahren erleichtert, dass er in ein Heim kam,
in dem er anders und vor Ort umfassender und
direkter versorgt werden konnte, als ich es je
hätte tun können. Ich habe es all die Jahre gerne
gemacht, doch kam ich immer wieder an den
Punkt, wo das ständige in *„Alarmbereitschaft"*-
zu-Sein mir meine allerletzten Reserven
entlockte. Es war immer wieder ein innerer
Kampf, um den Wirkungen der Medikamente,
die mich sedierten und schläfrig machten,
gegenzusteuern, um im Notfall stets wach und

handlungsfähig zu bleiben. Es entlastete mich zu wissen, dass er nun gut aufgehoben war und sich dort wohlfühlte und von netten Menschen umsorgt wurde.

„Lieber Papa, kannst du dich noch erinnern? Als du gestorben bist, haben wir zwei den Abschied auf eine ganz besondere Art und Weise gefeiert. Ich bin gedanklich mit dir an einen Ort gewandert, der dem Himmel so nahe war, dass ich dich den Engeln des Friedens und der Liebe übergeben konnte. Sie nahmen dir all dein Leid/deinen Schmerz und bewahrten dir die Sonne in deinem Herzen. Immer wenn die Sonne scheint, blicke ich nach oben und weiß, dass du in deinem neuen Zuhause gut und sicher angekommen bist und all die Erinnerungen, deine Lehren über alle Zeit hinweg weiterbestehen werden. Ich liebe dich und danke dir für all die Liebe, die du mir stets gabst und die Begeisterung für das Leben, die ich durch dich wieder ein Stück weit gefunden habe. Du bist in meinem Herzen. In Liebe dein Andreas."

Alland - Spieglein, Spieglein an der Wand

Ich stand am Schalter in der Krankenkasse und holte mir meinen Bewilligungsstempel für einen dreiwöchigen Aufenthalt in der Spezialklinik für Stoffwechselerkrankte und Adipositas in Alland ab.

„Ich trat vor den Spiegel und sah ein fremdartiges Bild. Es war, als wäre ein Nebelschleier, den ich viele Jahre vor meinen Augen hatte, gefallen. Ich sah einen Mann, der bereits am Boden saß. Ich sah einen Mann, der sich und seinen Körper nicht mehr spürte. Ich sah einen Mann, dessen Körper daran war, nach und nach innerlich zu versagen. Ich sah einen Mann, dessen Selbstliebe verschwunden war. Ich sah einen Mann, der zunehmend nicht einmal mehr in XXL-Hosen zu passen schien. Ich sah einen Mann, der nicht ich war. Ein Fremder saß mir gegenüber und starrte mich mit einem unfassbaren, schockierenden Blick an."

Alland ist aus der Entscheidung entstanden, mich entweder dem Tod oder dem Leben zuzuwenden. Meine Körperlichkeit brachte mich an meine Grenzen und es wurde mir die Möglichkeit geschenkt, noch einmal näher hinzusehen, mich nochmals näher im eigenen Spiegel zu betrachten und zu sehen, dass ich eine Dimension eingenommen hatte, die gerade noch vor den Spiegel passte.

„Ich parkte am Parkplatz vor der Rehaklinik ein, atmete nochmals tief durch und stieg aus. Ich betrachtete die Gegend und fand es einfach herrlich. „So sieht also mein Neustart aus!", dachte ich. Doch dieses Gefühl wurde bald gedrückt, als ich das Wegschild zur Klinik sah und mein Blick der Pfeilrichtung folgte. 500 Meter Aufstieg. Echt jetzt? Ich war jedoch nicht alleine mit meiner Erkenntnis. Ein Gruppenanreisetag - na prima. Perfekt für meine Angststörung. Kaum kam ich an der Rezeption an, stand bereits eine Menschentraube davor. Die Dame an der Rezeption wurde mehrmals mit der Frage beschäftigt, ob man nicht direkt vor der Klinik parken könnte, da es ja in ihrem Zustand zu beschwerlich wäre. Was für eine Ironie."

Da die Dame an der Rezeption sehr nett zu sein schien, brachte ich ebenfalls gleich zu Beginn meine Anliegen vor. Ich ließ ebenfalls nichts unversucht, ihr meine Diagnose als *„warm-up"* zu präsentieren. Sie sollte ja wissen, wie besonders ich bin. Mitgefühl und Verständnis für meine Befindlichkeit, mit der Hoffnung, besondere Konditionen für meinen Aufenthalt zu erlangen, war mein erstes Ziel. Immerhin bin ich ein Angstpatient, mit Übergewicht, der sich weder bewegen möchte, noch in großen Gruppen unterwegs sein kann. Während ich noch mit meiner Angststörung beschäftigt war, waren viele andere Mitpatienten eher damit beschäftigt, Strategien zu überlegen, wie sie drei Wochen lang mit tausend Kalorien auskommen könnten. Nachdem ich die ersten Dinge klar auf den Tisch gelegt hatte, konnte ich mein Zimmer beziehen und wusste, dass mein Kampf gegen die Schwerkraft und meine Angst begonnen hatte.

Es klingt vielleicht witzig und so empfinde ich es, während ich es hier niederschreibe, auf der einen Seite, auch. Die andere Spiegelhälfte spiegelt jedoch wider, wie sehr ich bereits von meiner Diagnose - und diese für mein gesamtes Leben und alle Umstände als Erklärung und Überschrift zu verwenden - abhängig war. Eine tiefe, stille Freundschaft hatte sich zwischen uns entwickelt. Mit diesem Freund an meiner Seite hatte ich mir mein Leben in der Reha gefinkelt strukturiert. Ich verstand, was ich für mich, mein Sicherheitsgefühl tun musste, um den Tag in den einzelnen Gruppen zu überstehen. Ich kam zumeist zehn Minuten früher in die Räumlichkeiten, setzte mich hin und spielte für mich gedanklich den Ablauf der Stunde durch. Diese Übung gab mir soweit die Sicherheit, dass ich für mich gut vorbereitet war und ich die Grenzen, was ich sagen und tun sollte, mehr wahren konnte. Ich wollte zwar von mir erzählen, doch auch kein offenes Buch werden.

Es kommt anders, als man denkt

Aufgrund meiner im Laufe meines Aufenthaltes geäußerten Sonderwünsche bekam ich statt eines Sonderplatzes im Speisesaal einen Sondertermin bei der Psychologin.

„Ich saß also voller Hoffnung vor der Psychologin, um mir meinen Sonderplatz im Speisesaal zu sichern. Mit ihrer Frage: „Erzählen Sie über sich?" öffnete sie das Buch in mir. Ich erzählte ihr von meinem Leben, von all den schrecklichen Dingen, die ich erlebt und überlebt hatte und versuchte, ihr meine Opferrolle schmackhaft zu machen. Anscheinend hatte ich die Rolle nicht gut einstudiert, denn alles was sie sagte war: „Also, wenn ich all dies erlebt hätte, was Sie erlebt haben, hätte ich wahrscheinlich schon längst zu trinken angefangen oder gar Schlimmeres gemacht. Ich bin jedoch froh, dass Sie hier sind. Ich wünsche Ihnen einen schönen Aufenthalt. Denken Sie darüber nach, was Sie brauchen, um glücklich zu sein."

Ich bin vom Sessel aufgestanden und war sprachlos. Wie kann diese Psychologin mit ihren toupierten Haaren, den roten High Heels und ihrem Kostümchen mir, dem schwer kranken Andreas, so etwas sagen? Ich war verletzt und fühlte mich nicht verstanden, nicht gesehen und gedemütigt. Was für eine Frechheit. Im Nachhinein gesehen war es das Beste, was sie mir zu diesem Zeitpunkt sagen hatte können. Ich habe es nur nicht verstanden, war ich doch allzu sehr darin gefangen, sie nach dem Äußerlichen zu beurteilen. Erst viel später sollte ich verstehen, wie provokativ, jedoch sinnvoll ihre Worte und ihr Handeln waren.

Am zweiten Tag bekam ich den nächsten Tiefschlag. Mein Körper brachte mich zum nächsten Sondertermin beim Mediziner. Ich musste der nackten Wahrheit ins Auge sehen. Ich wurde gewogen, vermessen und ausgetestet.

„Lieber Herr Handler, wie wir wissen, nehmen Sie eine große Menge an Antidepressiva sowie Tabletten für die Leber, für das Cholesterin, für den Blutdruck und Gott sei Dank auch einen Magenschutz. Unseren Untersuchungen nach müssen wir diese Liste jedoch bald erweitern. Sie sind drauf und dran, Diabetes zu bekommen. Sie haben jedoch die nächsten drei Wochen hier bei uns die Möglichkeit, dies abzuwenden. Wir haben hier Sportmediziner, Diätologen, Physiologen und wie Sie bereits wissen, auch Psychologen. Es gibt täglich eine Sportgruppe und Ihrer Verfassung nach trage ich Sie gleich in die Gruppe Drei ein. "

Die Gruppe Drei stand für die *„Schnaufer"*, die *„XXL-Hosenträger"*, die maximal *„Hundert Meter Geher"*. Es waren die Mitpatienten, von denen ich einige bereits bei meiner Ankunft an der Rezeption gesehen hatte. Übrigens durfte keiner direkt vor der Klinik parken.

Eine neue Zahl hatte sich in mein Gehirn eingebrannt. Drei. Mein Ego wurde gereizt, mein Ehrgeiz wurde in mir entfacht. Ich hatte plötzlich das Ziel vor Augen, es in die Gruppe Eins schaffen zu wollen. Ich wollte die Nummer Eins werden und mir diese Krone aufsetzen. Dafür musste ich einen neuen Deal mit mir selbst und meinem Spiegelbild eingehen. Ich musste mich darauf vorbereiten, mich von diesem Bild und Zustand zu verabschieden. Ich musste mich vom Opfer-Dasein, welches dem Kühlschrank verfallen war, verabschieden. Ich musste ins Tun kommen.

Dies war der Anfang meiner körperlichen Veränderung. Nach drei Wochen Alland hatte ich 14 kg abgenommen und konnte die Diabetes-Medikation abwenden. *„Alland"* hat sich zum Abschied bei mir bedankt. Sie bedankten sich für mein Tun und meine Leistung, die ich *„in Alland"* erbracht hatte. Ich verknüpfte dabei den Gedanken, dass der Erfolg, mein Erfolg, *„nur an Alland"* lag. Ich vermisste die Unterstützung beim Übergang in meine Lebenswelt, in meinen Alltag. Es entstand in mir ein unsichtbares *„Abhängigkeitsband"* und ich erlag der Idee, dass alles nur an *„Alland"* lag. Ich sah mich schon erneut am Schalter der Krankenkasse stehen, um mir einen weiteren Stempel für den Aufenthalt in Alland zu besorgen. Wer sollte mich und mein Leben, meinen Körper, denn sonst retten?

Im Rückspiegel betrachtet

Ich bin nach wie vor mit einem bereits pensionierten Arzt von der Klinik befreundet. Er war und ist nach all den Jahren noch dermaßen von meiner Entwicklung angetan, dass er gerne mit mir als *„Peer"* Seminare gegeben hätte. Er sah die Sinnhaftigkeit des Austausches von und mit Menschen, die dies durchlebt und einen Weg gefunden haben, das Erlernte in den Alltag zu integrieren. Es ging auch um Zuversicht und sich selbst nicht zu beschämen, wenn es einen Tag einmal nicht so funktioniert.

Was ich mir aus dieser Zeit mitnehme ist: *„Ja, jeder Mensch ist anders. Ja, jeder Mensch schaut anders aus und ja, jeder Mensch bringt andere Geschichten und Ideen mit.* Jeder Mensch ist es wert gehört und gesehen zu werden. Jeder *Mensch ist es wert, unterstützt, bekräftigt und begleitet zu werden. Jeder Mensch ist es wert, einen Sonderplatz zu erhalten, denn jeder Mensch ist anders und besonders* und so auch Sie."

Freundschaft

Mein Freund Sepp führte mich an meine absolute Grenze. Er erinnerte mich daran, was es tatsächlich heißt, am Boden zu sein, den Sinn im Leben verloren zu haben und nicht mehr aufstehen zu wollen.

Sepp und ich haben uns kennengelernt, als ich 20 Jahre alt war. Ich bin mit ihm viel um die Häuser gezogen und habe das Partyleben in vollen Zügen genossen. Mit Sepp hatte ich eine Clique gefunden, in der ich meine rockige, drogenreiche Zeit ausleben konnte. Es war Spaß, lustig und ein Trallala.

Irgendwann haben wir uns aus den Augen verloren. Ich war mit meinem Leben und meinen Reisen beschäftigt und das verbindende Band aus der „Party-Zeit" war verschwunden. Gelegentlich blieben wir noch in Kontakt. Erst in der Zeit, in der ich die Psychiatrie mein zu Hause nannte, öffnete sich wieder unsere ganz eigene „Freundschaftswelt", als hätten wir dies bereits vor vielen Jahren so vereinbart. Er war mein Anker. Wir haben uns trotz meiner Zurückgezogenheit, meiner Isolation und meinen psychischen Randerfahrungen einmal in der Woche getroffen. Irgendeine Verbindung war stets zwischen uns, wodurch wir uns gegenseitig schamfrei unser Ohr und unsere Schulter geliehen haben. Wir hatten anscheinend von Beginn an ein stilles Abkommen gepaart mit einer unglaublichen Vertrautheit und Wertfreiheit.

Sepp war ein gebildeter, weltoffener und sehr kreativer Mensch, der darunter litt, sich und was in ihm hauste, nicht ausleben zu können. All die Begrenzungen und auferlegten Äußerlichkeiten waren ihm zuwider. Leider hatte er den Sprung aus der Partyzeit nicht geschafft. Er ist immer mehr den Drogen, dem Gefühl, das er dadurch erfuhr, erlegen. Egal in welche Richtung, gleichgültig mit welcher Droge/Substanz man versucht, sein Unterbewusstsein einzudämmen, es manipuliert das freie Denken und Bewusstsein. Es hält dich, dein wahres Wesen in Gefangenschaft und schafft es, den Blick auf die täglichen Wunder und auf das Geschenk des Lebens zu nehmen. Natürlich ist es anziehend, Themen, die einen beschäftigen, in den Schleier des Drogenrausches zu hüllen, doch verändert es nichts an den Themen selbst, an dir oder deiner Einstellung dazu. Man sitzt gerne dem Irrglauben auf, dass es einem etwas gibt. Vielleicht in diesem Moment, jedoch nicht nachhaltig. Es verlangt immer mehr, immer mehr Aufmerksamkeit.

Das letzte Bild, die letzte Erinnerung, die ich noch von Sepp habe, ist, als wir uns an einem sonnigen Tag auf einen Kaffee in der Stadt getroffen haben. Wir unterhielten uns über meinen Werdegang und er erzählte mir lächelnd von seinen Plänen, Träumen und inneren Bildern. Er gab mir auch das Bild eines Tunnels, der ihn zu verschlingen versuchte.

Zwei Tage später rief mich seine Partnerin an, ob ich wüsste, wo er sei, da er nach der Arbeit nicht nach Hause gekommen war. Er hatte für sich einen Ort, einen letzten Blick gewählt, den er in seinen Tunnel mitnehmen wollte. Er hatte sich selbst *„auf der schönen Aussicht"* mit einem Stanley-Messer die Halsschlagader aufge-schnitten.

Er ist in den Tunnel eingestiegen und hat mir die Klarheit geschenkt, aus meinem Tunnel auszusteigen. Ich erhielt eine Einladung zum Begräbnis. Eine Einladung, mich von einer dreißigjährigen Freundschaft zu verabschieden. Ich wollte hingehen. Ich wollte es wirklich, doch ich schaffte es nicht. Ich schaffte es einfach nicht. Ich hatte erneut meine Erkrankung als Entschuldigung hervorgekramt und hatte noch dazu die Dreistigkeit, seine Partnerin um Verzeihung zu bitten, nicht kommen zu können. *„Wird er mir verzeihen?"* war meine Frage. Sie sollte mich erlösen, in einer Zeit, in der sie Halt nötiger gehabt hätte als ich. Bitte, verzeihe mir.

Als der Tag des Begräbnisses anbrach, hatte ich keine Stimme mehr, starrte wortlos auf eine weiße Wand. Bitte lasse diesen Tag vorübergehen. Bitte lasse alles ungeschehen machen. Bitte. Doch meine Bitte wurde nicht erhört, sondern grub sich immer tiefer in mein Herz hinein. Meine Trauer und mein abstoßendes Gefühl mir selbst gegenüber, seinem letzten Ruf nicht gefolgt zu sein, schaufelten sich in mir ein Grab. Gefangen in der Dunkelheit, beschämt über mich selbst brach etwas aus mir heraus. Ich bat mich selbst um Verzeihung und schwor mir, meinem Leben eine Wende zu geben und keine Entschuldigung mehr zu suchen oder zu finden. Es war aus. Ich hatte die *„Ent-scheidung"* getroffen, mich von meiner Diagnose zu verabschieden, aus dem Tunnel zu gehen und das Licht des Lebens zu ehren.

Lieber Sepp,

zu Ehren für dich entzünde ich stets ein Licht, das mich an das wert- und wundervolle Leben erinnert und dir in der Dunkelheit leuchten soll.

In Liebe, Andreas.

~

~

An meine leuchtende Weggefährtin!

Liebe Sabrina Martina, ich möchte mich bei dir mit und aus vollem Herzen bedanken. Du hast meiner Geschichte, meinen Emotionen heilende Worte und Flügel verliehen. Du hast ein unglaublich großes Herz, das dich durch die Welt trägt und mich durch diese Zeit/diesen Prozess getragen hat. Du bist etwas Besonderes und diese Zeilen sollen dich alle Zeit daran erinnern. Erfülle weiterhin mit deiner Kreativität, deinen Worten und deinem großen Herzen die Welt."

~

3. Teilstrecke

Mein WEG

Da wir nun schon einige Zeit miteinander verbracht und uns ein Stück weit kennengelernt haben, biete ich Ihnen nun das *„Du-Wort"* an. Also, von Frau zu Mann, von Mann zu Frau, von Mensch zu Mensch. Mir ist es auch wichtig zu erwähnen, dass es uns bewusst ist, dass sich immer wieder Themen, Gedanken und Worte in einer anderen Form wiederholen. Wir lernen durch TUN und WIEDERHOLEN und speichern es durch unser Gefühl in uns und unseren Zellen ab. So wie wir es in uns gefühlte 100.000-mal anderes *„programmiert"* haben, braucht es öfters die Wiederholung, um Dinge/Gedanken, wenden und *„ver-ändern"* zu können.

Ich beginne den Weg, bei dem es darum geht, mit sich, dem Körper, dem Geist und der Seele in Einklang zu kommen, mit einem Thema, das an sich keine Notwendigkeit besitzt, um für sich an *„den Wendepunkt"* zu gelangen und zu beschließen einen anderen Weg zu gehen. Man braucht nicht unbedingt dramatische Ereignisse oder einschneidende Erlebnisse. Es können durchaus wundersame Begegnungen sein oder es kann aus heiterem Himmel plötzlich da sein.

Man kann jeden Tag, jede Stunde, jede Minute oder Sekunde selbst beschließen zu erwachen/voranzugehen, um aus der Abhängigkeit der Vergangenheit zu entschwinden und dem Glauben und dem Leben wieder Hoffnung und eine neue (Lebens-)Richtung zu schenken.

Ich möchte nun einige Zeilen dazu verwenden, um zu erklären, wie ich aus dem Wendepunkt einer tiefen Kränkung dennoch ein Licht der Zuversicht und des Glaubens fand und es in mir entfacht wurde. Was für ein Geschenk!

In Respekt und Achtung vor dem Menschen, der mich im zwischenmenschlichen Spiel an den Wendepunkt drängte/brachte und mich lehrte, dass in jeder seelischen Erschütter-ung/Grenzerfahrung der Schatz einer Chance verborgen liegt, Dinge neu zu sehen und neu zu ordnen.

Mir wurde die Dualität des Lebens recht klar in Form einer tiefen Kränkung gezeigt. Im Nachhinein gesehen weiß ich jedoch nicht, wer diese Kränkungs-Verletzungsspirale ins Leben gerufen hat. Wer war der Erste? Wer hat gekränkt? Wer wurde gekränkt? Welches Ego wurde gekränkt?

Jede Verletzung hat mir den Spiegel zu meiner Selbstliebe und zu meinem Selbstwert aufgezeigt. Kaum war ich verletzt, habe ich begonnen mich zu wehren und zu verteidigen. Ein Automatismus entstand. Ich war noch nicht so weit, an den Kern zu gehen und hinter die Verletzung, den Schauplatz zu sehen. Doch irgendwann kam ich doch an den Punkt, mein kindliches Verhalten zu hinterfragen.

Ich war in eine wundervolle Frau verliebt. Dieses Verliebt-Sein hüllte mich tatsächlich in eine rosa Wolke und nahm mir die Klarsicht auf viele Dinge, die sich vor mir abspielten. Dieses Verliebt-Sein ist wunderbar und kann auch zeitgleich wunderbar des-illusionieren. Ich wurde des-illusioniert, als ich von dieser wundervollen Frau erfahren habe, dass sie jemanden von früher getroffen und mit ihm geschlafen hatte, um herauszufinden, ob nicht doch er „der Richtige" für ihr Leben sei. Es traf mich wie ein Vorschlaghammer, zeigte mir jedoch auch gleichzeitig auf, dass sie definitiv nicht „die Richtige" für mein Leben ist. Ich erfuhr nicht nur die Kränkung, sondern teilte auch eine Kränkung aus, indem ich mich abwendete und beschloss zu gehen. Kränkungen haben unterschiedliche Formen. Kleine Kränkungen wie z.B. die Zahnpasta-Tube bleibt offen, der Klodeckel wird nicht zugemacht, der Müll bleibt stehen oder nie wird die Post mit hineingenommen. Und dann gibt es die großen Kränkungen, die direkt ins Herz gehen, wie z.B. hintergangen zu werden, ausgelacht zu werden, beschimpft oder zurückgewiesen zu werden.

Und diese Zurückweisung, nicht nur als Mensch, sondern auch als Mann, habe ich dadurch durchlebt. Beschämt/gedemütigt in meinem Mann-Dasein und im Zweifel an den Glauben an das Gute und die Liebe im Menschen. Durch diese Zurückweisung wurde ich in die Ecke der Verletzlichkeit und Ängste gedrängt, in der mein inneres Kind bereits auf mich wartete. Ungeduldig zerrte es an mir, wieder mit all den Bedürfnissen beachtet zu werden und aus der Spirale der Verletzungen hinauszugehen. Da stand ich nun, bis folgende Sätze klar und deutlich aus mir kamen:

„Ich komme nicht auf die Welt, um es anderen recht zu machen und im Ja-Sager-Tum zu verharren, um auf irgendeine Weise geliebt zu werden oder Liebe zu erfahren. Ich kann jederzeit entscheiden bzw. beschließen, mich zu- oder abzuwenden oder gar loszulassen und zu gehen."

Ich gewann wieder Achtung vor mir selbst und mit dieser Achtung konnte ich eine Rückschau halten. Diese Fähigkeit brachte mich auf meinen Weg. Es zeigte mir, dass in jeder Kränkung etwas Gutes/Sinnvolles steckt und nur ich selbst es entscheiden kann, wie ich damit umgehe und was ich daraus mache. Und du wirst es nicht glauben, was ich daraus mitgenommen habe. Ich habe den Glauben an das Gute im Menschen mitgenommen, denn es war gut, dass sie mich dies gelehrt hatte. Ich entscheide, mit wem, wann und in welchem Rahmen (wie) ich mit Menschen/Themen meine Lebenszeit teilen möchte und welches Wohlgefühl ich haben möchte bzw. was ich brauche bzw. mir wichtig ist, um zu lieben und mich lieben zu lassen. Danke für diese Erkenntnis.

Nach langer Zeit habe ich diese wundervolle Frau wieder getroffen. Sie war zutiefst beschämt, wie sehr sie mich gekränkt und verletzt hatte. Diese Beschämung möchte ich nochmals ein Stück heilen.

Liebe Edith, ich danke dir von Herzen für unsere Begegnungen und deine Liebe. Ich habe sehr viel daraus gelernt: Selbstachtung, Wertschätzung, Selbstbewusstsein, Achtsamkeit, Akzeptanz und Selbstliebe kamen durch diese Erfahrung mehr in mein Leben. Ich danke dir. Du hast mich inspiriert. *Liebe Grüße, Andreas*

Hand in Hand mit Kopf, Herz und Verstand

Wie bekomme ich nun Körper, Geist und Seele in den Einklang? Wie soll ich weiter vorangehen? Ich entwickelte einen Plan. Ich war bereit, Verantwortung für mich und mein Leben zu übernehmen und schöpfte aus dieser neuen Vereinbarung mit mir selbst unbändige Zuversicht und Kraft. Die ersten Schritte, um in Bewegung zu kommen, waren:

Schritt 1: Ich suchte mir, nachdem mein Vater ins Pflegeheim kam, meine ersten eigenen vier Wände. Ich zog von zu Hause aus.

Schritt 2: Ich erinnerte mich an meine Fähigkeiten, was Sport, Körperbewusstsein und Ernährung anbelangte.

Schritt 3: Ich begab mich auf die Suche der Gesundheit und Heilmethoden und konfrontierte mich mit meinem Ego.

Ich ging zur Ärztin meines Vertrauens und forcierte meinen Wunsch, medikamentenfrei zu leben. Ich konfrontierte mich mit der jahrelangen Abhängigkeit zu den Substanzen und Ärzten und ging in die Eigenverantwortung. Ich enthob mich der Abhängigkeit zu den Ärzten und gab ihnen eine neue Rolle in meinem Leben. Sie durften als Begleiter an meiner Seite sein, jedoch nicht mehr die entscheidende Rolle tragen. Ich war bereit, meine Ansichten zu verändern und neue, andere Werthaltungen und Wertesysteme in mein Leben zu lassen. Ich war bereit, mich (selbst) wertzuschätzen und zu lieben.

Werte, die mich mehr (beg)leiten: (sieben Wege der Wertschätzung)

Zu Beginn meiner Reise traf ich auf drei neue Weggefährten und ich fragte sie, ob sie mich zu meinem *„neuen Ich"* begleiten möchten. Es waren: das (Ur)Vertrauen, der Mut und die Vergebung.

Sie sprachen zu mir:

Am Anfang ist der Mut: Du darfst dich wieder als Mensch fühlen lernen. Du wirst deine Psyche fühlen lernen – besonders, wenn du den

Weg aus deiner Psyche herausgehst und in dein Körpergefühl wanderst. Besonders, wenn du deinen Körper zu reinigen beginnst und die Absprache mit dir zu heilen (und in meinem Fall medikamentenfrei zu werden) eingehst.

An deiner Seite wird das (Ur-)Vertrauen wieder seinen Platz einnehmen und dich in deiner Angst, deinem Zweifel und deiner Unsicherheit, deinem inneren Kampf des Vergebens und Aufgebens stützen und schützen und dir den Weg zum Glauben ebnen. In der Vergebung wird dir Neues, Unbekanntes gegeben werden. Es wird dich und dein neues Dasein nähren und in dir die KRAFT des MUTES erwecken, Menschen davon zu erzählen.

Allen voran steht das Wunder der Wertschätzung. Es geht darum, den eigenen Wert wieder zu erkennen, ihn für sich wahrhaftig zu fühlen und aus diesem inneren erfüllenden, aber auch schmerzvollen Erleben es ins eigene Leben und in die eigene Lebensphilosophie zu integrieren. Es beginnt vorerst in einem Selbst und reift zu deinem SELBST, bis man es so weit verinnerlicht hat, das

Geschenk der reinen Liebe, die Essenz der Wunder der Wertschätzung mit einem anderen Wesen zu teilen. Es gibt laut H. sieben Stufen der Wertschätzung, die uns dazu inspiriert haben, diese eher analytische Auflistung näher zu betrachten und durch Bilder aus dem Leben eine Lebendigkeit einzuhauchen.

Die sieben Stufen der Wertschätzung sind:

Aufmerksamkeit/Beachtung

Achtsamkeit

Respekt/Achtung

Anerkennung

Wertschätzung

Vertrauen

Liebe

All dies sind bewegende Elemente, die im Mensch-Sein und in der Zwischen-menschlichkeit erst an Sinnhaftigkeit gewinnen. Wenn man aus Kränkungen, Erlebnissen und Lebensgeschichten Kraft schöpft und bereit ist, einen offenen Umgang zu finden, werden die Werte umgehend sichtbar.

Doch wandern wir zurück zum Ursprung. An sich haben wir all diese WERTE von Geburt an in uns und erst im Außen, im Austausch und Miteinander gehen sie ein Stück weit verloren, werden verlernt und man hört auf, diese Schätze zu schützen/zu bewahren.

Lebensereignisse, Traumen, gesellschaftliche Vorstellungen und die Suche nach Zuge-hörigkeit (ver)formen diese Werte immer wieder. Auf der Beziehungsreise, auf der Schulreise, auf der Arbeitsreise gibt es viele Einflüsse, Weggabelungen, Herausforderungen, Vergleichsziehungen, die immer wieder an der eigenen Balance, der Selbstliebe, dem Selbstvertrauen und dem Selbstbewusstsein nagen. Man möchte im Job und anderen Tätigkeiten anerkannt werden, man möchte Zuwendung und Beachtung erleben, man möchte gesehen und wahrgenommen werden und vollzieht dabei auch gelegentlich einen Eiertanz.

Wie kannst du diesen unsagbaren Schatz in dir selbst bewahren (schützen)?

Lernfeld Abgrenzung

Für mich war es in meinem Lernfeld der Abgrenzung wichtig, mich zu isolieren, mich in mich selbst zurückzuziehen, mich selbst bewusst zu be-grenzen. Wie ich bereits erzählt habe, bin ich eine Zeitlang ins *„Opfer-Dasein"* versunken und habe versucht, über dieses exzessive Präsentieren mir die *„unfaire"* Welt zu erklären und meiner Erkrankung eine Berechtigung und Anerkennung einzutreiben. Ich bestand nur mehr aus der *„Krankheit"*. Ich war die Krankheit in Person. Ich habe mich in mich selbst auf eine ungesunde Art isoliert und zurückgezogen. Ich musste erst für mich erkennen, mich von meinem *„Krank-Sein"* abzugrenzen und dem und mir einen anderen Wert zu zumessen. Ich musste in mir, in meinem verinnerlichten, selbst errichteten Profil den Status von *„Ich bin krank und nichts mehr wert"* zu *„Ich bin es wert und ich werde gesund"* ändern. Ich zog für mich eine Grenze, kehrte in die Stille und totale Isolation ein. Doch diesmal selbst gewählt mit einem anderen Ziel. Ich zog mich tagelang zurück, doch diesmal mit dem Fokus, mich selbst wieder kennenzulernen und mich selbst wieder wertschätzen lernen zu wollen.

Was ich damit meine ist, dass es gesunde Formen der Abgrenzung gibt. Es ist okay, sich Zeit für sich zu nehmen und sich zurückzuziehen. Ebenso, sich von etwas abzuwenden, abzugrenzen, wo man spürt, dass man sich nicht wohlfühlt. Es ist das eigene Recht, sich selbst wertzuschätzen, auf sich zu achten und selbst zu entscheiden, wem oder welchem Thema man AUFMERKSAMKEIT schenkt. Es ist auch wertschätzend zu sagen, jetzt lasse ich einmal fünfe gerade sein und übergehe mich, mein Tempo, meine Kapazitäten nicht und kratze nicht meine Energiereserven an. Es ist auch wertschätzend zu sagen, heute schaue ich gut aus. Es ist auch wertschätzend zu sagen, heute gönne ich mir ein besonderes Essen. Es ist auch wertschätzend zu sagen, heute bleibe ich einmal im Bett. Es sich selbst zu erlauben, ist pure und liebevolle BEACHTUNG der eigenen Bedürfnisse und gleichzeitig eine Abgrenzung.

Das Übel an der Sache ist, dass es verschiedene Ausprägungen gibt, wie man eine Abgrenzung zeigt. Man kann es direkt sagen und direkt eine Kränkung mit ins Gesicht schicken und dem Ego *„Hallo"* sagen. Man kann es schweigend und drückend mitteilen oder man kann auch einen respektvollen und ACHTSAMEN Umgang finden, und es in Wünsche und Ideen verpacken. Es ist sicherlich etwas Anderes, wenn ich sage: *„Ich wünsche mir Zeit für mich"* als *„Du gehst mir auf die Nerven, ich geh jetzt frische Luft schnappen."* Und damit landen wir im zwischenmenschlichen Sektor. Wir sehnen uns nach einem liebevollen, ehrlichen, aufrichtigen Miteinander, haben jedoch verlernt oder vergessen, dass Abgrenzungen auch positiv sein können. Sie geben dem Gegenüber gleichzeitig auch die Chance, die eigenen Bedürfnisse nochmals zu überprüfen und den Mut aufzubringen, für sich selbst einzustehen und es (be)WERT(ungs)FREI auszusprechen, ohne Angst, den anderen zu verletzen. Es passiert aus der liebevollen Abgrenzung und daraus kann ein unglaubliches Miteinander wachsen. Liebevoll bei sich zu sein, sich ausdrücken zu können, ermöglicht dem *„Gesetz der Anziehung"* auch Menschen in das eigene Leben einzuladen, die dies ebenso (er)leben wollen. Diese besonderen Menschen werden stets für sich und andere bemüht sein, die Säulen der Wertschätzung zu leben, doch darf und wird es immer wieder *„kleine Hoppalas"* geben. Das sind dann die feinen Überraschungen, die im Lernfeld *„Leben"* durchaus auch zum Schmunzeln einladen dürfen und auch mal zum Streit. Das Ego darf ruhig auch manchmal mit von der Partie sein.

Bewegen wir uns noch ein bisschen weiter im zwischenmenschlichen Sektor. EMPATHIE (Mitgefühl) und RESPEKT. Es ist respektvoll, dem Anderen das *„Anders Sein"* zuzuerkennen und ihm die Möglichkeit zu geben, alles was ihn erfüllt, zuzugestehen. Es kann sein, dass Interessen unterschiedlich sind und das ist gut so, denn daraus entsteht Bereicherung und Wachstum. Dazu braucht es ANERKENNUNG. Es anzuerkennen, dass Interessen ausein-andergehen, beinhaltet auch das Geschenk, dass jeder seinen herzerfüllenden Bedürfnissen nachgeht und durch diese Erfüllung neue Impulse wieder ins Miteinander einbringt. Es ist eine Form der Empathie und des Vertrauens zu sagen: *„Mach' du dein Ding, was dich erfüllt und* *bereichert. Mich erfüllt etwas Anderes und das ist okay."*

„Abgrenzung schafft Freiheit für sich und für den anderen. ABGRENZUNG BEINHALTET VERTRAUEN."

Oftmals kommen Menschen in das eigene Leben, mit denen man eine Zeitlang gemeinsam Träumen folgt und den Alltag lebt. Es zeugt auch von Empathie (Einfühlungsvermögen und Mitgefühl) und WERTSCHÄTZUNG, sich Freiheiten zu geben oder jemanden frei-zulassen, wenn das *„Verändern-Wollen"* überhandnimmt. Wir tendieren immer wieder dazu, vieles miteinander teilen zu wollen, Abhängigkeiten zu erzeugen, dem anderen einen Gefallen zu tun, uns zu verbiegen oder gar *„Lebensvorstellungen/Regelwerke"* vehement zu vertreten. An der Spitze lebt die Überzeugung, dass nur nach diesen Vorstellungen 1:1 gelebt werden kann. Dazu braucht es in jeder Beziehung die SELBSTWERTSCHÄTZUNG und ein genaueres Hinsehen. Fragen wie: *„Möchte ich dies in dieser*

Form leben? Möchte ich mich an-passen/verändern? In welchem Ausmaß entspricht es noch meinem Dasein und meinem Wohlgefühl? Was brauche ich und was braucht mein Herz?" können dich dem Wunder der Wertschätzung (wieder) näherbringen. Es ist legitim, sich immer wieder einzupendeln, sich zurückzuziehen, in sich zu hören, was stimmig ist und was nicht. Es ist ein Prozess, bei dem man Klarheit gewinnt und sehen kann, wo der Grenzgang beginnt. Permanente Grenzgänge verändern nicht nur einen selbst, sondern auch den anderen. Es ist ebenso liebevoll und emphatisch zu sagen, dass man sich nicht wohlfühlt und sich aus der Beziehung abgrenzt oder gar verabschiedet. Man kann es paradoxerweise auch so sehen, dass eine klar gezogene ABGRENZUNG stets ein GESCHENK der Liebe ist. Es birgt die Chance in sich, dass Neues in beide Leben kommen kann und die Bedürfnisse beider gewahrt bleiben. EINE FORM DER LIEBE. Verharrt man in diesen Grenzgängen, nimmt man sich das un-glaublichste Geschenk, das es gibt, zu lieben und geliebt zu werden.

DIE LIEBE – DAS MÄCHTIGSTE HEILMITTEL

(das wir in uns selbst haben).

Medizin oder neue traditionelle Techniken

Was ich unter traditionell verstehe, überliefert Althergebrachtes, das tief im Wissen der Natur und der Urvölker ihren Ursprung hat. Wir gehen nun gemeinsam weiter auf dem Pfad der Gesundheit und leuchten uns den Weg aus der gesellschaftlich etablierten Medizin, die uns, wie bereits erwähnt, in unserem ersten Leiden, im ersten Kummer und Erkennen auffängt, hin zur Weisheit der Urkräfte, die durch Berührungen, dem inneren Herzhören (Meditation) und Stille einen anderen Weg ebnen kann. Es ist mein Bedürfnis, diesem Thema auf unserer Reise, Raum zu geben, da ich der Ansicht bin, dass es dadurch die Chance hat, den traditionellen Techniken einen neuen Platz in unserer Gesellschaft und dem Heilungswesen zu ermöglichen. Wir verabschieden uns in diesem Kapitel von der einfachen Symptomlinderung und wenden uns zur inneren Weisheit, zur Sprache des Körpers, der eigenen Seele und des eigenen Herzschlags zu. Wir besinnen uns darauf, dass man es selbst in der Hand hat, sich zu verletzen, sich klein und krank zu machen, wie man gleichermaßen jedoch auch die Kraft besitzt, sich zu lieben, sich zu stärken und sich gesund zu machen. Wir wenden uns der Gesundheit zu.

Ich habe im Laufe meiner Leidensgeschichte (auch liebevoll Erwachungsprozess genannt), einige Mediziner kennengelernt und einige Menschen haben mich nachhaltig mit ihrer Haltung und Sicht auf die Medizin beindruckt. Ich kann mich noch gut daran erinnern, als ich mit einem Mediziner im Gespräch über meinen leidvollen Körper und meiner verletzten Seele gesprochen habe und er zu mir sagte:

„*Lieber Andreas*, die Medizin an sich hat oftmals den Fokus auf die ganzheitliche Gesundheit verloren und hat sich wegbewegt von dem Urgedanken, was Medizin ist, sein soll und wie sie angewendet werden soll. Es sind 10%, die mit diesem Wissen abgedeckt werden sollten, der Hauptfokus liegt meiner

Erfahrung nach in der Herzstärkung. In der Herzstärkung liegt die Kraft und ist, aus meiner Sicht, der Wohnort der Seele und des Geistes. Haben wir Menschen dies begriffen, hat der Antreiber in uns derjenige zu sein, der geheilt hat, keine Bedeutung mehr. Dann passiert die Zuwendung, die tatsächliche Zuwendung zum Menschen. Die reinste Form, wo Heilung passieren kann. Dann habe ich als Mediziner verstanden, als Begleiter an der Seite dieses Menschen zu sein und in Demut, im Namen der Gesundheit zu dienen. Nicht als der allwissende Gott, der dem Menschen erklärt, was ihn heilt."

Diese Begegnung hat mir viele Zugänge geöffnet und mir geholfen, den Ärzten den allwissenden göttlichen weißen Mantel auszuziehen. Ich begab mich auf die Suche nach Ärzten, die diese Haltung lebten und offen waren, sich alternative Heilungswege anzusehen und wirklich an einer Mischung aus der Schulmedizin und anderen Techniken interessiert waren.

Ich hatte die Nase wirklich voll davon, zu einem Arzt zu gehen und mir als schnellste Lösung ein Rezept zu holen. Ich hatte auch die Nase von mir voll, die Verantwortung permanent abzugeben. Ich wollte mich nicht mehr oberflächlich behandeln lassen. Ich wollte nicht mehr bei einem Arzt sitzen, der nebenher auf die Uhr schaut, da der nächste Kassenpatient bereits auf Nadeln sitzt. Ich wollte Menschen an meiner Seite, die mit ihrem Fachwissen und ihren unterschiedlichen Zugängen zu Techniken sich Zeit nehmen, sich mir und meinem Körper zuzuwenden und mir verständlich machen, was ich tun kann, damit ich nachhaltig gesundwerde bzw. bleibe. Ich wollte, dass sie mich dabei unterstützen bzw. mich dazu befähigen, welchen Anteil ich um *„Gesund zu werden/zu bleiben"* beitragen kann. Gute Mediziner sind bereit, sich ihren weißen Kittel selbst auszuziehen, ihn an den Nagel zu hängen und den Patienten aus der Abhängigkeit zu befreien und in die Eigenverantwortung zu führen. So sehe ich es auch mit unserem Gesundheitssystem, das sich für mich leider zu 90% am *„Krank-Sein"* orientiert und für mich nur gefühlt 10% bereit ist, alternative Wege für die Menschen zu ermöglichen.

Ich bin sehr glücklich darüber, mich den 10% zugewendet zu haben. Ich habe mich umgehört, habe mich mit dem Kneipen und der Durchblutung beschäftigt. Ich habe mich über die Osteopathie, der Behandlungslehre für die Wirbelsäule, informiert. Ich habe mich in die Natur begeben, mich an Flüsse gesetzt und mich mit Heilkräutern beschäftigt. Ich habe vieles ausprobiert und war neugierig, eine andere Welt der Heilung zu entdecken. Ich war auch wieder neugierig auf meine eigenen Schätze und Gaben, die ich bereits gesammelt hatte und erneut aktivieren wollte. HEILENDEN HÄNDE.

Ein glückliches, tränenreiches Erlebnis

„Eines Tages kam eine junge, wundervolle Frau zu mir, ein wundervolles Wesen, mit dem ich nun hier sitze und gemeinsam dieses Buch schreiben darf. Sie bat mich, sie zu massieren und ihre Rückenschmerzen zu lindern. Ich sah in ihr schmerzverzogenes Gesicht, das sich in ihrer ganzen Körperhaltung widerspiegelte. Ich erklärte ihr meine Arbeit, meine Haltung und meinen Zugang und gab ihr eine Rückmeldung zu ihrer Körperhaltung. Sie fühlte sich gesehen und erleichtert. Ich hatte das Gefühl, bereits ein Durchatmen in ihrem Gesicht zu sehen, die verkrampfte Anspannung entwich. Im Vertrauen lag sie eine Stunde vor mir. Ich begann vorerst eine Atmosphäre zu schaffen, in der sie sich wohl fühlen konnte und begann mechanisch, technisch, manuell auf ihren gesamten Körper einzuwirken. Als ich das Gefühl hatte, lud ich sie dazu ein, noch ihr Gesicht zu behandeln. Sie hatte Vertrauen zu mir gefasst und hatte zu Beginn noch keine Vorstellung davon, was dies genau sein soll. Ich begann mit sanften Gesichtsstreichungen, bezog den Hals ein und arbeitete bis hin zum Brustbein, zur Herzregion und wieder zurück. Als ich sie erneut im Gesicht berührte, liefen erste Tränen über ihre weichen Wangen. Die Verhärtung der Wirbelsäule hat sich durch die Begleitung des gesamten Körpers gelöst, was sich in diesem Moment auch in ihrem Gesicht widerspiegelte. Als wir uns nach der Behandlung gegenübersaßen, sah sie mich an und sagte: „Andreas, ich danke dir von Herzen - du hast über die Sanftheit deiner Berührungen meine innere Gefühlswelt bewegt. Es waren Tränen der Erleichterung und des Glücks."

„Es waren wundervolle erste Begegnungen mit dir, liebe Sabrina Martina, die trotz einer zwischenzeitlichen Funkstille unsere Wege heuer im Jänner 2021 wieder zusammengeführt haben. Wir haben uns eine Zeitlang voneinander abgewendet, jedoch sind wir nicht gänzlich gegangen. Dafür bin ich, so wie du, sehr dankbar. Seither ist es für uns klar, dass wir in diesen (Schreib-)Prozess gemeinsam eintauchen möchten. Wir haben uns im ersten Schritt überlegt, was es brauchen könnte, damit wir in den Fluss des Vertrauens, Schreibens, Austauschens und des Wachstumes gelangen. Wir gingen spazieren, wir meditierten, wir kneipten in Bächen, wir kochten und saßen stundenlang auf deinem wundervollen, magischen Balkon und führten unzählige Gespräche. Es passierte von selbst, was wir an den jeweiligen Tagen für uns und diese Zeilen brauchten. Unter anderem brachtest du auch die Qualität des Klanges mit besonderen Klangschalen mit in den Wandlungsprozess. HEILENDE KLÄNGE."

„Sabrina Martina hat mir die Qualität geschenkt, mich fallen zu lassen und meinen Körper in eine tiefe Ruhe und Versenkung zu bringen, während sich in mir die Schwingungen des Klanges ausbreiteten und meinen Körper erfüllten. Sie schaffte einen Raum, eine Atmosphäre, in der ich mich von Anfang an gut aufgehoben und durch ihr liebevolles Wesen geborgen fühlte. Sie führte mich langsam in den Raum des Klanges, indem sie von einem fernen Arbeiten zu einem körpernahen Tun sich durch die Sanftheit der Klänge zu mir, in meine Seele bewegte. Ich fühlte mich in Watte gepackt, wie auf einer Wolke schwebend. Es war wunderschön, von ihr getragen zu werden.

Als ich die Klangschalen auf mir spürte, spürte ich eine Welle, die meinen Körper flutete, meinen Geist erfasste und ihn zur inneren Einkehr brachte. Es hatte den Klang des Herzschlages, eine der ersten Sinneserfahrungen, die man als Ungeborenes wahrnimmt. Ich versank in den Klängen und es war mir möglich, aus dem Gedankenfluss auszusteigen. Ich ließ mich voller Vertrauen fallen. Mein Körper stellte sich nach und nach auf die Ruhe, die Bewegungslosigkeit ein und ich vertraute, dass dieser sein Werk weiterhin tun wird. Ich hatte das Gefühl an den Ursprung zu wandern, in ein geborgenes, wohlbehütetes und geliebtes Dasein. Ins Urvertrauen."

Körper, Geist und Seele suchen besonders während einer Veränderung immer wieder einen Weg sich einzupendeln und wieder in Einklang zu gelangen. Aus Chaos wird wieder Ordnung, aus Ordnung wieder Chaos - ein Sinnbild für das Leben, würde ich sagen.

Die einzelnen Klangschalen klingen im ersten Moment für sich, ehe sie sich miteinander einschwingen und sich in einem gemeinsamen harmonischen Klangbereich zusammen-schließen, sich zu einem Einklang verbinden. Spannend ist auch, dass sie niemals gleich klingen, da sie mit dem Körper und der eigenen Energie in Resonanz gehen. So ist es auch im Alltag. Wir sind nie in einer gleichen Verfassung, es sind immer unterschiedliche Nuancen. Daher braucht es stets Achtsamkeit und Flexibilität, wie wir Begegnungen und unseren Tag gestalten. Es ist das Zusammenspiel, der Einklang zwischen dem Körper - der Ernährung, der Bewegung, der Reinigung des Geistes, das es uns ermöglicht, aus dem Gedankenfluss auszutreten, um der eigenen Natur, dem inneren HERZHÖREN folgen zu können. Es braucht Vertrauen, Wandelbarkeit, liebevolle Selbstfürsorge und Nachsicht mit sich selbst, bis sich alles wieder einpendelt. Es darf ja spannend bleiben - so wie das Leben ist.

Im Meditieren, gleichgültig mit welcher Methode, findet man wieder zum (Ur-)VERTRAUEN, zurück. Es ist wichtig zu verstehen, dass Meditieren (nach innen hören) die Nahrung für die Seele ist sowie die Nahrung für den Körper. Leider ist es nach wie vor verbreitet, vorrangig den Körper zu ernähren, da das Bedürfnis sich offensichtlich bemerkbar macht. Oft lässt es, in vorgeschobener Weise, vermeintlich die Zeit nicht zu, unseren Geist zu reinigen und unser Seelenleben zu pflegen/zu nähren. Ich lade dich daher ein, dir ins Bewusstsein zu rufen, dir Auszeiten und Tage der Ruhe und inneren Einkehr zu gönnen. Sollte der Zeitfaktor erneut als Ausrede dienen, beginne doch mit einer Minute am Tag, deinem

Körper, deiner Seele und deinem Geist etwas Gutes zu tun. Es sind 3 Minuten, in denen du dir die Zähne putzt. Vielleicht lauschst du statt den zumeist aufregenden Nachrichten einer Mediationsmusik, während du geistig nicht nur deine Zähne, sondern mit der Aufmerksamkeit auch deinen Geist reinigst und gereinigt in den neuen Tag startest, an dem mit Sicherheit wundervolle erfüllende Momente/Augenblicke auf dich warten.

Wie soeben gelesen, kannst du im täglichen Alltag die Pflege deines Daseins integrieren oder dich pflegen lassen und in die Natur gehen. Sie ist allseits für jeden geöffnet und pflegt und heilt bedingungslos.

Die Meditation - eine Form des In-sich-Hörens

„Die Meditation ist ein Weg ohne Erwartung, in die Erfüllung zu kommen." Die Mediation ist eine reine Form des eigenen Spiegels. Im Spiegel des Wassers erkennen wir zuerst das Körperliche und sind wir mutig genug, uns selbst näher zu betrachten, in uns selbst einzutauchen, tauchen wir durch unseren

Körper hindurch in die Tiefe, in die Schönheit unserer Seele ein.

Ich lade dich ein, nach innen zu hören, einen Ort des Wohlgefühls für dich zu entdecken/zu gestalten und deine eigene Form der Meditation zu finden.

In der Hohen Wand in Niederösterreich gibt es einen Ort, wo Zen Buddhisten leben und dich in ihre Räumlichkeiten, in ihren Tempel einladen und dich lehren, ins Vertrauen zu gehen. Dieser Zugang war für mich ein Segen. Ich lernte der Stille zu vertrauen, ich lernte meinen Körper in Ruhe zu bringen, ich lernte Gedankenflüsse gehen zu lassen. Ich erkannte, dass jeder Prozess mit einer Reinigung beginnt und durch die Hingabe, die in diesem Moment, dem JETZT stattfindet, in die Vergebung und Dankbarkeit mündet, wo die bedingungslose Liebe ihre Heilung erfährt.

Übersetzt heißt es, sich der Angst, den Schmerzen, dem Groll zu stellen, gegenüber zu sitzen und ihnen zu zuhören, was sie zu sagen haben, welche Bilder und Geschichten sie aus deinem Leben für dich gesammelt und gespeichert haben. In dieser stillen Kommunikation mit ihnen, in der sie dir erzählen, wo du dich ungerecht behandelt gefühlt hast oder du unachtsam gehandelt hast, liegt die Chance, der Neubeginn, ihnen einen anderen Stellwert in deinem Leben zu geben. Möchtest du dem Groll mehr Aufmerksamkeit geben oder der Akzeptanz? Der Liebe oder der Trauer? Gleichgültig, in welcher Form, ob bewegt, in Stille, mit Musik, mit dem Pinsel, ob wir die Gedanken nach oben aus uns herausleiten oder wie bei der Kundalini in uns selbst entlang unserer Wirbelsäule reinigen, ist stets eine innere Begegnung, ein *„In-sich-Hören"*.

Natürlich war ich anfangs hellauf begeistert, diesen Weg entdeckt zu haben, doch dauerte es nicht lange, da kamen die ersten Zweifler um die Ecke. Ich zweifelte an mir, an meinen Gedanken, an meinem Glauben und setzte mich auch den *„äußeren Zweiflern"* aus. Ich nahm es in Kauf, lieber einen Baum zu umarmen und von anderen Menschen als *„Psycho, seltsam, oder der hat sie nicht mehr alle"* betitelt zu werden. Die Zweifler. Die äußeren Zweifler, die aus Unwissenheit an dir vorbeigehen und dich neugierig beobachten. Die Zweifler ziehen einen rasch von dem Unbekannten in die Unsicherheit und verführen umgehend dazu, zu beurteilen oder zu bewerten. Getrieben von dem Drang, der immer wieder in uns auflebt, so schnell wie möglich von einer Unsicherheit in eine Sicherheit gelangen zu wollen, anstatt den Weg zu genießen. Im Chaos, in der Unsicherheit ordnet sich alles neu.

So stießen sie mich ebenso immer wieder in einen Prozess des Zweifelns. Ist Meditation das richtige für mich? Ja. Ich wusste nur noch nicht, in welcher Form sie mir guttut. Für mich ist die Entscheidung gefallen, die Mediation gänzlich für mich allein zu leben und die äußeren Zweifler vorerst so klein wie möglich zu halten, bis ich in mir stark genug war und meine eigenen Zweifler ins Schweigen führte und mir wieder vertraute. Ich lernte täglich zu meditieren, es fix in meinen Alltag zu integrieren.

Im ersten Schritt rief ich immer wieder schmerzliche Bilder, Emotionen und Gedanken-Konstrukte zu mir und ließ mich auf dieses Karussell ein. Ich wusste bereits, dass ich nur heilen kann, wenn ich mir selbst allererst im Schmerz begegne und ich mir selbst nach und nach die Last nehme. Mir wurde klar, dass Bilder nur die Vorreiter sind. Ich wusste, dass ich in die Emotion gehen musste, an den Kern. Ich musste mich mit den Emotionen beschäftigen, die vorherrschend in meinem Leben waren. Angst, Wut, Trauer. Ich setzte mich hin und konzentrierte mich auf die Angst. Ich konzentrierte mich so sehr darauf, dass ich zu schwitzen begann, mich ein inneres Zittern erfasste und mein Herz aus einer Ohnmacht heraus zu rasen begann. Ich blieb weiterhin sitzen und bemerkte, dass die Symptome langsam verebbten und die Angst mit jedem Mal, wo ich sie bewusst herholte, weniger und immer weniger wurde. Ein leidenschaftlicher Schmerz kann leidenschaftlich heilen.

Dasselbe durchlebte ich mit anderen Emotionen, bis ich mich in einem Zustand der Reinigung befand, den ich auch als *„Nullpunkt, Nullbereich oder neutrale Ebene"* beschreiben kann.

In dieser gleichen Geschwindigkeit, also mit einer angezogenen Bremse, begann ich mir positive Bilder, Emotionen in mein Leben zu holen. Langsam und behutsam, denn auch die Fülle von vielen schönen, erfüllenden Emotionen kann einen überwältigen und aus der Bahn werfen. Mein System musste sich nach der langen Zeit des Leidens erst wieder an die wundervollen und angenehmen gewöhnen.

Im Leben werden noch viele Verletzungen und Herausforderungen kommen und mich immer wieder in unangenehme Gefühle führen, das ist mir bewusst. Bewusst ist mir jedoch auch geworden, dass ich selbst dafür verantwortlich bin, welchen Umgang ich mit der Emotion finde. Wie tief sie sich in mich graben darf oder ich sie mir im Spiegel des Wassers ansehe und weiterfließen lasse. *Halte ich erneut an einer Angst fest, die mich ergreifen kann und mich überwältigt oder lasse ich sie zu, sehe sie mir an und lasse sie dann so stehen wie sie ist?* Ich muss für mich erkennen, woher die Angst kommt, welche Bilder dazu abgespeichert sind und ob ich bereit bin, diese gehen zu lassen und neu zu formen. So habe ich gelernt, die Angst oder die Trauer oder die Wut anders zu sehen, denn sie wollen auch gesehen werden. Je weniger Widerstand ich ihnen gegenüber aufbaute, desto mehr sprach ich ihnen eine Daseins-Berechtigung zu, denn sie gehören zum Leben. Eine Form, Frieden zu schließen.

Desgleichen haben die erfüllenden, wunderschönen und wundervollen Gefühle ihre Daseins-Berechtigung. Ich lud die Emotionen ein, die mich, die mein Herz ausfüllen wollten. Tag für Tag lud ich am Anfang der Meditation die nährenden Gefühle ein. Ich atmete die Liebe ein, ich atmete bewusst Freude ein, ich lud die

Zufriedenheit ein und schenkte mir Glück. Ich trainierte meine Gefühle und Gedanken und mit jedem Mal wurden sie stärker und stärker. Die Zweifler, die inneren so wie die äußeren, wurden nach und nach unsichtbar und die Erlauber, dass es mir gut gehen darf, dass ich geliebt werde und ich lieben und leben darf, dass ich ein wertvoller Mensch bin, wurden zu meinen neuen Gefährten. Ein Ausdauertraining par excellence.

Die innere Hygienearbeit

Die innere Hygienearbeit ist ein Bereich, der zum *„In-sich-Hören"* gehört. Ein weiterer ist die Umgebung, die dich dabei begleitet, unterstützt und nähren kann. Es kann das eigene zu Hause sein, es kann das zu Hause von jemand anderen sein, es kann jedoch auch ein anderer Ort sein. Ein Ort, der allseits für jeden geöffnet ist und bedingungslos heilt. Die Natur. Ein Ort, der von vornherein bedingungslos in die Entspannung führt. Ein Ort des Lebens und ständigen Wandels.

Ich machte mir Gedanken, welche Orte mich berühren, mich bewegen und in die Stille führen könnten. Ich machte die Augen zu und sah verschiedene wundervolle Plätze in der Natur. Es war an der Zeit, mich nicht nur innerlich zu bewegen, sondern auch meinen Körper in Bewegung zu bringen. Ich suchte bewusst die Natur auf und entdeckte wundervolle Orte des Friedens. Schon allein der Gedanke an den Ort in der Natur, bereits am Weg dorthin, versetzte mich in eine Ruhe, auch wenn ich erst auf der Autobahn fuhr. Gedanken, Bilder, Emotionen. Die Natur war bereits in mir, obwohl ich erst am Weg dorthin war. Die Natur, die zur inneren Einkehr einlädt, besonders, wenn man ihr bewusst begegnen und sie aufsuchen möchte. Sie schenkt uns ebenso die Möglichkeit, in ihr zeitlos zu sein und die Uhr und das Getrieben-Sein zu vergessen.

Eine besonders eindrucksvolle und nach-hallende Begegnung mit der Natur und meinem Selbst war am Millstätter See. Sentiero dell'amore - der Weg der Liebe. Gemeinsam mit einer Bekannten fuhr ich dorthin und bat sie, dass wir diesen Weg schweigend gehen. 5 Stunden der inneren Einkehr. 5 Stunden der Entschleunigung. 5 Stunden, in denen ich am Berg dem Himmel nah war und zugleich auf das

Wasser des Millstätter Sees blicken durfte und sich in diesem Wasser die Schönheit der Natur widerspiegelte.

Ich bin ein Mensch, der die Denkweise hat, dass wenn man sich selbst ausweiten, den Geist ausweiten möchte, dann sollte man jede Art von Entspannung und Meditation in sein Leben einladen. Phantasiereisen, Mantras, Mudras, Stille, Tanzmeditation, Innere-Kindarbeit, die Verbindung zu den Ahnen und Urvölkern, Kundalini - gleichgültig, welche Art, allesamt haben ihre Daseins-Berechtigung. So auch du. Schön, dass du da bist.

Die Entspannung der Hawaiianer

Da ich sehr offen war, Neues kennenzulernen, bin ich über ein Buch gestolpert, das mir ein Ritual schenkte, das ich nach wie vor täglich praktiziere.

Es ist eine Form, die mich begleitet, Emotionen in mein Leben zu holen, stehen oder gehen zu lassen und neue einzuladen. Es ist der Weg der Hawaiianer. Ho'oponopono - der Weg der Vergebung.

Dr. Ihaleakala Hew Len hatte von 1984 bis 1987 die psychologische Leitung einer Abteilung in einem Krankenhaus in Hawaii über, auf der nur kriminelle, sogenannte *„Geisteskranke"* oder Mörder betreut wurden. Er sah diese Menschen nur am Flur gehen, hatte jedoch nie persönlichen Kontakt zu den Menschen. Er nahm sich immer wieder Akten zur Hand und sprach mehrmals und über Tage hindurch das Ho'oponopono Ritual. Diese Vorgehensweise führte mit der Zeit dazu, dass sich die Menschen veränderten. Die geistige Festplatte veränderte sich. Sie bewegten sich freier, waren offener in ein Gespräch zu gehen, hatten begonnen, die Medikamente zu reduzieren und sich offener mit ihren psychischen Problemen zu beschäftigen.

Ho'oponopono heißt wörtlich übersetzt:
Ho'o = *"etwas tun"*
pono = *"etwas ausgleichen"*, in *"Harmonie bringen"*, *"etwas korrigieren"*
In eine *"Vollkommenheit" zu führen.* Somit lässt sich Ho'oponopono als *"der Weg zur Vollkommenheit"* oder als Weg *"zurück zu Gott"* *zum eigenen Herzen* übersetzen.

Ho'oponopono und die vier Sätze nach Dr. Hew Len:

Es tut mir leid.
Bitte verzeih mir.
Danke.
Ich liebe dich.

Ich habe dieses Ritual gleichermaßen in meinen Alltag eingeladen und meine Meditation erweitert und immer wieder neu entdeckt. Ich habe gelernt, um Vergebung zu bitten. Nicht nur demjenigen gegenüber, dem ich Verletzungen zugefügt habe, sondern gleichzeitig auch mir selbst. Dieser Heilungsprozess führte mich auch dazu, nicht jede Verletzung als Verletzung zu sehen. Eher als Hinweis, dass ich (mir selbst gegenüber) nicht achtsam war oder es wieder mehr Achtsamkeit mir gegenüber benötigt, um wahrzunehmen, mit wem ich in Kontakt gehen möchte und in welcher Form. Auch, wie viel Zeit, ein sehr kostbares Geschenk, ich (her)schenken möchte. Es ist vielleicht schwer zu verstehen, doch lernte ich auch, mich nach einer Verletzung dem Menschen zu zuwenden, um mich zu bedanken. Es klingt vielleicht verquer, doch durch die Verletzung, die bereits passiert ist und nicht mehr rückgängig gemacht werden kann, wurde mir gezeigt, lernen zu müssen, es stehen zu lassen. Ich kann es jederZEIT selbst entscheiden, ob ich mich weiterhin der Person zuwende, abwende oder sie gar gänzlich loslasse.

„Ich war einige Zeit in einem Studio trainieren und dachte, dass Sport Menschen verbindet. Ich fand Anschluss und es bereicherte mich, mich mit einigen auszutauschen und ihnen mein Wissen weiterzugeben. Ich hatte es jedoch nicht im Blick, dass sich eine Person zurückzog und verletzt fühlte, die zuvor das Wissen teilte. Es war einfach schön, ein Teil dieser Gruppe zu sein, war es mir jahrelang nicht möglich gewesen, mit Menschen in Kontakt zu sein. Ebenso genoss ich meine körperliche Veränderung. Ich schaffte es innerhalb von 16 Monaten, 45kg ohne den bekannten „Jo-Jo-Effekt" abzunehmen. Unter anderem wurde mir eine Wertschätzung entgegengebracht, indem ein „Vorher/Nachher Bild" von mir auf die Homepage dieses Fitnessstudios hochgeladen wurde. Es bekam

300 likes. Es beflügelte meinen Selbstwert und meine Selbstliebe, ebenso die Kraft in mir, es selbst geschafft zu haben. Dieses Gefühl war vorerst nur von kurzer Dauer, da die verletzte Person mich vor allen Studiobesuchern zutiefst gedemütigt hat. Er konnte in seiner Verletztheit nicht anders und beschimpfte mich lautstark (eine mildere Form des Schreiens) mit den Worten: „Du bist ein nach Weihrauch riechender Psycho und du bekommst nichts auf die Reihe. Es gibt Menschen, die erkennen nicht, dass sie absolut krank sind und du bist krank. Durch und durch krank". Es traf mich gewaltig, hallte in mir nach und ich flüchtete nach Hause. Einzelne Symptome von früher brachen wieder hervor. Ich fühlte mich teilweise wieder, als wäre ich erneut in der Psychiatrie. Als ich zu Hause war, konnte ich erstmals durchatmen und klar denken. Ich setzte mich hin, kam nach einer gefühlten Ewigkeit zur Ruhe und zelebrierte das Ho'oponopono Ritual."

Ich wünsche mir für dich, dass du stets ein Gebet und die Dankbarkeit in deinem Leben zelebrierst und du es nicht erst an dem Punkt wieder in dein Gedächtnis oder in dein Leben holst, an dem du um Hilfe bittest oder gar bitterlich rufst. Vergeben heißt heilen. Ich vergebe dir.

Defizite (vermeintliche Mängel) lieben lernen

Wie ich oben bereits mehrmals angesprochen habe, gehen innerliche und äußerliche Veränderungen Hand in Hand. Gehen diese auseinander, kann auf beiden Ebenen ein *„Jo-Jo-Effekt"* eintreten. Man pendelt zum Beispiel beim Sport zwischen dem *„Sich Annehmen und Wohlfühlen Wollen"* und dem *„Ego"*, wenn man dabei beobachtet wird und plötzlich getrieben ist, 5kg mehr auf die Hanteln zu packen oder plötzlich 10km zu laufen. Man übergeht sein Körpergefühl, seine Ressourcen und sein eigenes Bedürfnis, wobei man sich dabei weniger Sorgen machen muss, denn der Körper wird die Rechnung letztendlich schon präsentieren. Meine Erfahrung als Sportmasseur zeigte mir, dass Rückenschmerzen oder Fehlstellungen eine deutliche Rechnung dafür sind, starr einem Weg gefolgt zu sein. Ich kann nicht erwarten, dass mich diese Starrheit oder Verbissenheit, auf diesem einen Weg zu bleiben, gesund hält und mir keine Nebenerscheinungen/Folgeerscheinungen aufzeigen werden. Ich kann nicht erwarten, 100-mal das Gleiche zu tun und ein anderes Ergebnis zu erwarten, so wie es bereits *Einstein* festgestellt hatte. $E=mc^2$. Energie ist Masse mal Lichtgeschwindigkeit. Die Elemente müssen in einer Ausgeglichenheit miteinander interagieren, sonst wird sich keine Energie aufbauen und konstant fließen können. EINE ÄNDERUNG DER AUFMERKSAMKEIT & INNEREN ENERGIE, deines Lebenssystems (wie du wohnst, was und wie du arbeitest, was und wer dich umgibt) bedeutet daher auch eine Änderung deiner Masse, in unserem Verständnis der sogenannten Menge, die du dir täglich auferlegst (was ist zu tun, mit wie vielen Menschen treffe ich mich).

Ein bekanntes Zitat von Paracelsus lautet:
"Alle Dinge sind Gift, und nichts ist ohne Gift; allein **DIE DOSIS MACHTs**, dass ein Ding kein Gift sei."

So geht es bei allem, was wir tun immer um Zeit, Intensität und die Menge, die wir uns täglich einteilen lernen müssen, um in Balance zu bleiben. Wir kennen es alle, das Listen-Schreiben. Die bekannte *„to do Liste"*. Sie kann eine hilfreiche Unterstützung sein und Struktur geben, sie kann jedoch erheblich dazu beitragen, unser eigenes System permanent zu überladen und zu vergiften. Und manchmal wundern wir uns abends, was wir alles geschafft haben und manchmal sitzen wir vor der Liste und wissen nicht, wie wir es schaffen sollen oder sind entmutigt, es heute nicht geschafft zu haben und das Augenmerk landet im Defizit. Eine Anerkennung über das Tun zu erhalten, ist ein tiefes Muster. Das ständige Tun bringt uns jedoch auch dazu, weniger zu beachten, was für den Tag wirklich wichtig ist und guttut und leicht von der Hand geht. Wir tendieren eher dazu, uns den Tag vollzustopfen und damit dem Defizit mehr Raum zu geben. Wir jagen hinterher, einem selbstproduzierten Mangel, und geben dadurch der Schwäche unglaublich viel Macht.

Wäre es nicht schön, abends oder mittags *„inne zu halten"*, sich auf die Schulter zu klopfen und zu sagen: Für heute ist es genug? Oder sich die Woche anzusehen und 3 Nebenziele aufzuschreiben, die man wann auch immer zu erledigen hat und sich dadurch die Geschwindigkeit, den Druck, das möglich entstehende Defizit schon vorab zu nehmen? Wie wäre es, wenn wir das Defizit wenden und liebevoll mit uns und unserer Energieressource umgehen lernen? Wir uns der positiven Energie, der Kraft, dem (inneren) Reichtum, dem Haben und Sein, der Fülle zuwenden und einfach vertrauen, dass die Dinge ohnehin zur richtigen Zeit passieren werden?

„Geduld ist nicht das WARTEN, sondern wie wir handeln, wenn es länger dauert als wir ERWARTEN." (M. Walter)

E = mc²

Unsere Gedanken leiten ((Licht)-Geschwindigkeit) unseren Geist und geben diese Information auch an unseren Körper (Masse) weiter. Diese Energie ist im Fluss und so funktioniert die Kommunikation auch andersrum. Der Körper (die Masse) meldet uns Impulse/Hinweise und Bedürfnisse (Schlafen, Entspannung, Nahrung, Bewegung) und es obliegt uns, wie wir diese Information in unseren Geist integrieren und wie rasch ((Licht-)Geschwindigkeit) wir darauf reagieren. Ich liebe es zum Beispiel, mit dem Mountainbike auf den Berg zu fahren. Reine Energie. Nach jeder Fahrt meldet mir mein Körper zurück, ob es stimmig war oder ich über meine Ressourcen hinausgegangen bin. Wenn ich nun sage, ich verändere meine Gedanken und Sichtweisen und gebe meiner Leidenschaft Rad zu fahren und meiner Gesundheit mehr Raum, bin ich bereit mein Ego zu minimieren. Ich überlege mir, wie ich es ohne Schmerzen, ohne Ausbeutung meiner Ressourcen und Energie tun kann. Ich verändere das *„Werkzeug"*, das mich dabei unterstützt. Ich steige zum Beispiel auf ein E-Bike um und genieße den Fahrtwind, die Natur und entscheide selbst, wann die Anstrengung mehr und mal weniger sein darf. Ich tue es weiterhin, ohne meinen Körper zu schädigen, Energie zu saugen und ein Defizit zu vergrößern. Ich wandle es in eine Energiequelle. Ich erhalte meinen Körper im Fokus der Gesundheit, ich entlaste meinen Geist, indem ich mich auf das Genießen konzentriere und ich nähre meine Seele, da ich einen liebevollen Umgang gefunden habe und den vermeintlichen Defiziten, die ich mir selbst erschaffe, weniger oder keinen Raum mehr in meinem Leben gebe. Wie ich Defizite lieben und verstehen lernte. Geduld ist der Tod des Defizits.

Über Konsequenz und Nachhaltigkeit - lernen zu vertrauen

Durch diesen Bewusstwerdungs-Prozess habe ich mich immer mehr der Nachhaltigkeit gewidmet. Ich wollte nicht mehr, dass eine neue Erkenntnis ein Lichtblitz war und nach einigen Tagen der *„Jo-Jo-Effekt"* einsetzte und ich wieder an den Start ging. Es war mühsam, doch verstehe ich auch im Nachhinein, dass es wichtig war, um die Fäden aus der Vergangenheit loszulassen. Es kann nicht funktionieren, von Null auf Hundert alles umzukrempeln und quasi über Nacht eine Wunderheilung zu erfahren und morgens aufzustehen und die Welt mit Liebe zu empfangen. Ein Prozess ist ein Prozess. Ein Training. Wir lernen über Wiederholung und Training, bis wir es verstanden haben und dann, ja dann, kann es durchaus zu einer *„Über Nacht Wunderheilung"* kommen, da die Erkenntnis bereit war, abgeholt zu werden. Ist dies möglich oder eingetreten, hat sich auch der *„Jo-Jo-Effekt"* verabschiedet und der Nachhaltigkeit Platz gemacht.

Lernen zu vertrauen - wie meine ich das in diesem Zusammenhang? Ich habe dazu das Bild eines *„Steh-auf-Männchens",* du kennst es vielleicht aus Kindheitstagen. Es ist die Möglichkeit, aus eigener Kraft heraus immer wieder aufzustehen, auch wenn man mit voller Wucht in den Prozess geschleudert wurde und vielleicht am Boden liegt. Es ist die Kraft des Vertrauens, dass sie in uns ist und uns stets auffangen wird. Wir wissen, wenn wir stolpern und hinfallen, werden wir am Boden kurz innehalten, die Emotion spüren und uns dennoch nicht übermannen lassen, sondern uns aufrichten und abgestützt wieder aufstehen. Manchmal benötigt man dabei Hilfe, eine Stütze. Sei es eine Krücke, einen Verband oder aber auch tröstende, liebevolle Wort und Menschen, die einen stützen. Es ist eine Form von Nachhaltigkeit, die in der Kraft des Vertrauens wohnt. Desgleichen ist es nachhaltig oder gar eine Konsequenz (das Ursache-Wirkungs-Prinzip), dass man Menschen in sein (Lebens-)Umfeld zieht, die ähnlich denken oder gar gleichgesinnt sind. Je nachhaltiger und umsichtiger ich mit mir umgehe, desto stärker wird mein eigenes Energiefeld und in dieses werden ebenso nachhaltig-denkende Menschen Einkehr finden.

Doch wäre es langweilig, wenn alles ein Einheitsbrei werden würde, und so bekommen wir, jeder von uns, immer wieder neue Aufgaben, die überprüfen, inwieweit wir dies wirklich verstanden und verinnerlicht haben. Was ich damit meine? Stelle dir vor, dein Blutzuckerspiegel ist nicht der allerbeste und du bekommst den Hinweis von deinem Arzt, keine

Schokolade mehr zu essen, da es längerfristig gesehen in einen Diabetes führen kann. Eine Horrorvorstellung für dich und deine Endorphine. Was wird passieren? Du wirst plötzlich überall nur mehr Schokolade sehen, vielleicht auch von einem Schokoladenland träumen und für den Supergau bringt dir deine Freundin auch noch 3 Tafeln deiner Lieblingsschokolade mit. Eine heftige Prüfung, da deine totale Entwöhnung von Schokolade ja von einem auf dem anderen Tag war. Im Zentrum deiner Gedanken sind die Worte *„Konsequenz, keine Schokolade und totale Entwöhnung"* logischerweise verhaftet.

Konsequenz meint oft das Totalitäre, das der oft gehörte Satz: „Das wird Konsequenzen haben!" klar und deutlich widerspiegelt (vielleicht auch mit dem bekannten Zeigefinger). Wir haben es zumeist mit einem negativen, harten Gefühl in unserem gesellschaftlichen Verständnis in uns abgespeichert. Es hat eher den Blick darauf, uns etwas zu *„verbieten". Könnte es jedoch nicht auch so gesehen werden, dass Konsequenz bedeutet, etwas oder jemandem zu „folgen" und mir eine neue Möglichkeit zu bieten? Dass*

Konsequenz eine Entscheidungshilfe ist, wodurch ich einfach beschließen kann, was ich möchte? So könnte es zum Beispiel auch heißen, dass ich mich mit meiner Aufmerksamkeit und Energie von der "Krankheit oder Erkrankung" abwende und für mich beschließe, der Gesundheit "zu folgen". Gesundheit ist ganzheitlich zu betrachten und wäre es nicht schade, wenn ich zwar meinem Blutzuckerspiegel durch meinen Schokoladenentzug helfe, jedoch mir gleichzeitig meine für mich auserwählte Seelennahrung entziehe und meine Endorphine baden gehen? Nachhaltigkeit hat auch etwas damit zu tun, das Gesamte anzusehen und sich nicht zu entwöhnen, sondern zu verwöhnen! Vielleicht wendest du deinen Blick vom "Verbieten" hin zu "Ich folge" und von "Entwöhnen" hin zu "Verwöhnen" und GÖNNST/ERLAUBST dir ein Stück Schokolade, jedoch in Maßen, denn wir erinnern uns: "Die Dosis macht das Gift". (Danke, Paracelsus, ein unglaublich beeindruckender Mediziner und Naturforscher aus dem 16ten Jahrhundert.)

Für mich war es wichtig, diese Unterschiede zu erkennen und meinen Gedanken, Mustern und Lebensvorstellungen eine Wende zu geben und ihnen und mir zu einer *„neuen, gesunden, positiven Produktion"* zu verhelfen, denn wir wissen

„Das Leben ist das Produkt deiner Gedanken - dein Leben ist das Produkt deiner Gedanken."

Was ich dazu brauchte? Was dabei meine Stütze war, dir mir dabei half, es zu verstehen und zu tun? Es zu begreifen, nicht fest-zu-halten, sondern los-zu-lassen?

VERTRAUEN- GLAUBE- DANKBARKEIT & LIEBE

Zum Thema *„Los lassen"* möchte ich noch einen kurzen Exkurs einbringen. Einen Impuls setzen, der mich erst kürzlich beeindruckt hat. Ich habe eine Dokumentation gesehen, in der ein Mann von seinem Leben erzählte und was ihn glücklich macht. Er sagte: *„Ich lebe hier auf einer Almhütte, in der Natur mit meinen Schafen und das macht mich glücklich."* Er hatte zuvor durchwegs ein anderes Leben, war geblendet und fasziniert von Status, Luxus und Außenwirkung und hat erkannt, dass es ihm das *„Glücklich-Sein"* nahm. Er hatte sich verlaufen und auf einer Almhütte wiedergefunden. Er hatte losgelassen und sich selbst etwas Gutes getan. Und das macht er seither täglich. Ohne ER-WARTUNG.

In den ganzen Jahren, in denen ich am falschen Weg war, und mich verlaufen hatte, war zumeist die Grundmotivation vorherrschend, dass alles, was ich aus dem Herzen heraus tue, quasi etwas Gutes tue, automatisch auch etwas GUTES zu mir anzieht. Mit offenen Armen ging ich hinaus und gab mein Geld, meine Energie und immer wieder ein Stück meines Selbst her, um ein Defizit auszugleichen und eine Leere in mir zu füllen. Gutes tun mit einem reinen Herzen kann nur aus einer stimmigen Motivation heraus erfüllen. Zu geben ohne umgehend einen direkten Austausch zu ERWARTEN ist der Kern, um wahrhaftig „GUTES zu TUN". Nämlich vorerst sich selbst.

Der Glaube an meiner Seite

Wie bereits geschrieben, gibt es keine Wunderheilung und der Weg ist manchmal steinig und schwer und lässt öfters (ver)zweifeln. Zwischendurch verliert man den Blick, die Richtung, das Ziel und den Glauben, dass alles wieder gut werden kann. Auch den Glauben an sich selbst, in andere und an die Verbundenheit mit der Natur und den Schöpferkräften. Gleichgültig, ob die Schöpferkraft Jesus, Allah oder Buddha heißt, es sind Schöpferkräfte, die eigentlich dazu dienen sollten, uns tagein, tagaus daran zu erinnern, dass wir selbst die Schöpferkraft sind. „Dein Leben ist das Produkt deiner Gedanken." Haben wir dies verstanden, was das Göttliche ist, wissen wir, was Glaube, Liebe, Dankbarkeit, Demut und die Fülle des Lebens bedeuten. Durch diese Schöpferkraft, die uns bereits vor der Geburt in die Wiege gelegt wird, so wie mir in diesem Leben am 23.12.1968, ist es uns erlaubt, das Wunder der Wertschätzung und der Liebe zu erleben.

Mit Aufmerksamkeit und Beachtung

Mit Achtsamkeit sich selbst und anderen Lebewesen gegenüber

Mit Respekt und Achtung vor der Mutter Natur

Mit Anerkennung des eigenen Wertes

Mit Wertschätzung dem Leben begegnen

Zu vertrauen

mündet in die absolute, bedingungslose Liebe.

Nachtrag zum Tagebucheintrag 23.12.1968
– Eine Zuwendung, statt eine Abwendung
zu erleben.

Liebe Mama,

wir haben viel miteinander durchlebt und
erlebt. An manchen Tagen haben wir uns
gefragt, ob wir es schaffen können, ob uns
unser Glaube und unsere Liebe heilen werden
können. Ja, Mama, das haben sie. Ich bin
dankbar, dass du an meiner Seite bist. Ich liebe
dich.

Dein Andreas.

Das Leben ist das Produkt deiner Gedanken.

In aufrichtiger Liebe und tiefer Verbundenheit,

Andreas & Sabrina Martina

So, wie wir das Buch begonnen haben, möchten wir es auch mit dir vollenden. Wir haben sicherlich viele bewegende Momente miteinander erlebt, haben uns vom *„Sie"* zum *„Du-Wort"* bewegt und sind durch Berg und Tal gewandert. Nun geht deine Reise so wie auch unsere Reise weiter und dafür möchten wir dir aus tiefstem Herzen danken und dir die vier heilenden Sätze aus dem *Ho'oponopono* mitgeben. Sie haben uns immer wieder durch die Emotionen und Erinnerungen getragen und uns geholfen, in der Gegenwart, in der Liebe, im Vertrauen und Glauben an das Gute anzukommen.

Für dich und mich - tragen wir es in
die Welt

Es tut mir leid.
Bitte verzeih mir.
Danke.
Ich liebe Dich.
(Ho'oponopono)

Wegbeschreibung

Vorab möchte ich allen Menschen, denen ich in meinem Leben begegnet bin, danken. Jeder einzelne hat mich in meinem Lebensprozess auf seine Art und Weise bewegt und mich dabei (unbewusst) zu mir selbst begleitet. Ein Danke auch an alle Menschen und allen Wesen, die mir noch auf meinem Weg begegnen werden.

DANKE

Andreas und ich sind uns erstmals 2019 im Fitnessstudio begegnet. Von Anfang an war eine Verbundenheit zu spüren, die sich jedoch aufgrund der schnelllebigen Zeit und einigen Mustern und Ängsten, die wir noch in uns getragen haben, zwischenzeitlich verkleinert hatte. Wir blieben nur sporadisch in Kontakt. Schon damals erzählte mir Andreas, dass er ein Interview über sein Leben geben wird und seine Geschichte schreiben und veröffentlichen möchte. Sein offenes, großes Herz, seinen Weg von der Erkrankung bis hin zur Gesundheit mit der Welt teilen zu wollen, um zu heilen.

Im Jänner 2021 kontaktierte mich Andreas, da er sich erinnerte, dass ich gerne schreibe, bunt und kreativ bin und er in unserer Verbundenheit spürte, dass uns vieles verbindet und ich die Fähigkeit habe, seinen Seelenweg in Worten sicht- und fühlbar zu machen.

Wir wussten, dass dieses Buch einen besonderen Weg benötigt, auf dem wir das „Getrieben-Sein" und den „Perfektionismus" nicht dazu einladen wollten. Wir waren uns von Beginn an ohne viele Worte einig, dass wir ein Buch schreiben möchten, in dem Freude, Leichtigkeit, Vertrauen und Liebe unsere Gefährten sein sollen. Wir trafen uns, fühlten in uns hinein, was wir für den heutigen Tag brauchen würden und ließen es geschehen. Wir meditierten, gingen spazieren, massierten, kochten, verwöhnten uns mit Klangschalen und führten unendlich viele tiefgreifende Gespräche am verträumten Balkon. Was kam, das kam. Einmal waren es drei Seiten, dann wieder eine halbe Seite. Wir konnten es so stehen lassen, ohne ins Zweifeln zu gelangen oder Druck aufzubauen. Wir waren stets zu neugierig, was entstehen würde. Was daraus entstanden ist? Eine tiefgreifende Herzens-Freundschaft.

Einen liebevollen Dank auch an Margit Felser für ihr Lektorat. Sie hat uns unterstützt, ohne dabei unsere Gedanken/unsere Geschichte oder unseren Stil zu verändern. Ebenso einen herzlichen Dank an Sandra Pulletz, die uns bei dem technischen Firlefanz geholfen hat. Eine brillante Schriftstellerin.

Ein besonderes DANKE auch an uns.

Impressum

1. Auflage, Juli 2021
Veröffentlicht über BOD

Books on Demand
© 2021 Andreas Handler
Herstellung und Verlag: BoD – Books on Demand,
Norderstedt
ISBN: 9783754311479

Verantwortlich für Inhalt und Gestaltung

Andreas Handler

Andy.handler1968@gmail.com

Korrektorat:
Margit Felser

Covergestaltung: © Andreas Handler

Disclaimer und Haftungsausschluss

Alle handelnden Personen sind frei erfunden. Ähnlichkeiten mit real existierenden oder verstorbenen Personen sind rein zufällig und nicht beabsichtigt.

Die Inhalte dieses Buches wurden mit größter Sorgfalt erstellt. Für die Richtigkeit, Vollständigkeit und Aktualität der Inhalte können wir jedoch keine Gewähr übernehmen. Dieses Buch enthält Links zu externen Webseiten Dritter, auf deren Inhalte wir keinen Einfluss haben. Deshalb können wir für diese fremden Inhalte auch keine Gewähr übernehmen. Für die Inhalte der verlinkten Seiten ist stets der jeweilige Anbieter oder Betreiber der Seiten verantwortlich. Die verlinkten Seiten wurden zum Zeitpunkt der Verlinkung auf mögliche Rechtsverstöße überprüft. Rechtswidrige Inhalte waren zum Zeitpunkt der Verlinkung nicht erkennbar. Eine permanente inhaltliche Kontrolle der verlinkten Seiten ist jedoch ohne konkrete Anhaltspunkte einer Rechtsverletzung nicht zumutbar. Bei Bekanntwerden von Rechtsverletzungen werden wir derartige Links umgehend entfernen!